MON CAHIER OBJECTIF PENSÉE POSITIVE EN 12 SEMAINES

CÉCILE NEUVILLE

ILLUSTRATION DE COUVERTURE
ISABELLE MAROGER

SOLAR EDITIONS

Ce journal APPARTIENT à ....

Sommaire

Introduction

Attention, ceci est un concentré de good vibes! Ce livre, c'est la petite dose de magie qui va vous transformer en cette fille lumineuse, ouverte, positive, qui rayonne intérieurement et ça se voit à l'extérieur. Vous en rêvez, de vous sentir bien dans votre corps, votre tête et votre vie, mais ça vous semble impossible? Vous pensez qu'être cette fille solaire n'est pas dans vos gènes, ou que votre vie est trop sens dessus dessous pour vous permettre d'être en harmonie? Qu'il y a trop de travail à faire sur vous pour parvenir à être aussi positive? Sans compter les contrariétés, le stress, le blues ou les mauvaises ondes des autres qui vous plombent…

STOP! Tout le monde a le X-factor du bonheur, eh oui! Il est temps de reprendre le contrôle sur vos pensées et sur votre vie grâce à la psychologie positive. Le principe? Développer les qualités que vous possédez et qui vous rendent heureuse, vous focaliser sur les belles choses de la vie, cultiver les pensées positives et mettre en place des petits rituels qui vous font plaisir.

Votre objectif : devenir la reine de la positive attitude, voir le verre à moitié plein et la vie en rose!

Grâce aux outils de suivi, de motivation et d'organisation du bullet journal combinés aux conseils d'une psy, ce livre va vous coacher jour après jour pour développer votre optimisme, votre joie de vive et votre dynamique positive. En 3 mois, step by step, vous allez révéler la meilleure version de vous-même, en mode warrior positive, pour vous épanouir en amour, au travail, avec vos copines, en famille, mais aussi en vous offrant régulièrement des moments feel good rien que pour vous!

Profiter de chaque instant, saisir les petits bonheurs de la vie, vous sentir bien, en phase avec vous-même… ça rend la vie magique! En activant votre focus positif, vos résultats seront immédiats. En cultivant votre positive attitude, vous allez non seulement booster votre confiance en vous, mais aussi améliorer toutes vos relations. Et en actionnant le mode «abondance positive», vous déborderez de vitalité et commencerez réellement à vivre votre vie de rêve. Alors, mettez des étoiles dans votre vie!

Test : Quelle positive girl je suis ?

Vous avez conscience que vous pourriez vous focaliser davantage sur ce qui vous rend heureuse et que cela vous permettrait de vivre une vie vraiment plus épanouie, mais connaissez-vous vraiment votre niveau d'optimisme ? Faites-vous partie de celles qui rayonnent de bonheur et révèlent en un battement de cils le meilleur de chacun ? De celles qui savent rester zen, qui ont a priori tout pour être heureuses, mais qui, pourtant, n'arrivent pas à profiter des moments de bonheur ? Ou bien de celles qui stressent et se plaignent à la moindre occasion ? Que vous manque-t-il pour devenir une véritable positive girl ? Faites le test !

Quelle est votre énergie au réveil ?

■ Fatiguée. Pas facile de sortir du lit !
▲ Tranquille, vous appréciez les moments l'un après l'autre.
● En pleine forme, vous avez hâte de profiter de votre journée !

Que ressentez-vous face à votre reflet dans le miroir ?

● Vous vous trouvez belle et rayonnante, ça fait du bien !
■ Aïe ! Quelle horreur ! Vous évitez au maximum le miroir…
▲ Un petit coup de brosse et de maquillage et ça ira !

Votre boss vous offre une promotion :

▲ Vous êtes ravie, mais vous vous demandez si vous serez à la hauteur.
● Génial, vous allez fêter ça avec vos potes et votre famille !
■ Vous êtes suspicieuse : ça doit cacher quelque chose.

Une amie a oublié de vous souhaiter votre anniversaire :

● Elle se rattrapera demain quand elle y pensera !
▲ Ça arrive, ce n'est pas la fin du monde.
■ Déçue, vous ne pouvez pas vous empêcher de lui en vouloir.

Vous devez monter un meuble, mais vous ne savez pas par où commencer :

▲ Vous ferez de votre mieux, ce sera déjà bien.
■ Vous paniquez et vous vous énervez en relisant la notice dans tous les sens.
● Vous allez y arriver, c'est sûr, quitte à faire appel à un ami !

L'avion de vos vacances est en retard :

▲ Vous patientez, il finira bien par arriver.
● Une belle occasion de boire un cocktail en terrasse pour fêter le début des vacances !
■ « Ça y est, c'est le début des catastrophes, ça promet… »

On vous décrit souvent comme une nana :

■ Triste, distante et/ou bizarre ?
▲ Sympa, gentille et/ou agréable ?
● Rayonnante, bienveillante et/ou pétillante ?

À quelle fréquence prenez-vous soin de vous ?

● Souvent, et avec grand plaisir !
■ Pas assez souvent.
▲ De temps en temps.

Faites les comptes !

■	●	◆

Vous avez une majorité de ■ : *vous avez la stress attitude !*

Pour le moment vous voyez la vie plutôt en gris et vous en avez marre. Vous voulez plus de good vibes dans votre vie, vous voulez vivre une vie plus joyeuse et positive, renforcer votre confiance en vous et votre estime de vous-même. Vous avez besoin de prendre soin de vous et, surtout, d'apprendre à profiter ! Le rythme effréné de votre vie et le stress vous empêchent de voir les belles choses qui existent déjà dans votre quotidien. Mais avec ce cahier, vos journées rimeront bientôt avec bien-être et plaisirs ! Un pas après l'autre, faites de votre mieux !

Vous avez une majorité de ▲ : *vous avez la cool attitude !*

Vous voyez déjà un peu la vie en rose, mais ce n'est pas encore suffisant pour vous sentir pleinement épanouie et comblée ! Il vous manque un petit quelque chose, une étincelle qui ferait pétiller vos yeux et votre cœur et ce cahier va vous aider à la révéler en vous ! Bientôt, vous aurez la sensation que la vie est magique et ressentirez de la gratitude pour chaque instant.

Vous avez une majorité de ● : *vous avez la happy attitude !*

C'est génial, vous voyez déjà la vie en multicolore ! Vous appréciez l'instant présent en pleine conscience, profitez déjà de la vie, et c'est ce qui vous a attirée vers ce cahier ! Car vous savez que pour maintenir et renforcer toujours plus votre positive attitude, il faut l'entretenir en permanence. Bravo ! Amusez-vous bien !

Mon bilan de départ

Avant de vous lancer dans une nouvelle aventure, il est important de savoir d'où vous partez et où vous souhaitez aller ! Vous pouvez ainsi mieux avancer, sachant exactement quels sont vos véritables besoins et priorités. Prenez donc quelques instants pour bien préparer ces 3 mois qui vont vous guider vers une vie plus positive et épanouie. Le chemin à parcourir ne sera pas le même selon votre point de départ. Commencez donc dès maintenant à répondre à la petite série de questions suivantes.

Suis-je une personne positive ?

À combien évaluez-vous votre niveau de pensée positive à l'heure actuelle ?

☆	☆	☆	☆	☆	☆	☆	☆	☆	☆
1	2	3	4	5	6	7	8	9	10

Prouvé par la science !
Les facteurs comme l'humeur du moment, la météo du jour ou l'environnement influent directement sur les réponses à ce type d'auto-évaluation subjective. Mais ces distorsions disparaissent dès lors que vous en prenez conscience. Donc, pour répondre le plus objectivement possible, soyez attentive à votre humeur, à la météo, à votre environnement et à leur impact sur vous. Avant d'écrire, prenez trois respirations profondes. Vous avez les idées plus claires ? Alors allez-y, répondez le plus sincèrement possible !

Mon bilan émotions

La pensée positive est naturellement associée aux émotions plutôt agréables, mais ce sont pourtant souvent les émotions les moins agréables qui prennent le dessus et nous empêchent de voir la vie en rose. Pour vous motiver, rien de mieux que de mesurer objectivement votre équilibre émotionnel actuel. Pour cela, complétez les deux tableaux qui suivent et visualisez le nombre d'étoiles coloriées qui représentent d'abord vos émotions les plus agréables, puis les plus désagréables : ce sera beaucoup plus parlant !

Mes émotions agréables

Je note les 3 émotions que j'aime le plus ressentir et, pour chacune d'elles, j'évalue sa fréquence, sa durée et son intensité moyennes.
Illustrez vos réponses en coloriant le nombre d'étoiles correspondantes.

ÉMOTION AGRÉABLE N° 1 : - - - - - - - - - - - - - -	**Sa fréquence :** 1 fois par mois ☆☆☆☆☆☆☆☆☆☆ Plusieurs fois par jour **Sa durée :** Quelques secondes ☆☆☆☆☆☆☆☆☆☆ Plusieurs années **Son intensité :** Très faible ☆☆☆☆☆☆☆☆☆☆ Très élevée
ÉMOTION AGRÉABLE N° 2 : - - - - - - - - - - - - - -	**Sa fréquence :** 1 fois par mois ☆☆☆☆☆☆☆☆☆☆ Plusieurs fois par jour **Sa durée :** Quelques secondes ☆☆☆☆☆☆☆☆☆☆ Plusieurs années **Son intensité :** Très faible ☆☆☆☆☆☆☆☆☆☆ Très élevée
ÉMOTION AGRÉABLE N° 3 : - - - - - - - - - - - - - -	**Sa fréquence :** 1 fois par mois ☆☆☆☆☆☆☆☆☆☆ Plusieurs fois par jour **Sa durée :** Quelques secondes ☆☆☆☆☆☆☆☆☆☆ Plusieurs années **Son intensité :** Très faible ☆☆☆☆☆☆☆☆☆☆ Très élevée

Mes émotions désagréables

Je note 3 émotions que je n'aime pas ressentir et, pour chacune d'elles, j'évalue sa fréquence, sa durée et son intensité moyennes.

ÉMOTION DÉSAGRÉABLE N° 1 : - - - - - - - - - - - - - -	**Sa fréquence :** 1 fois par mois ϟϟϟϟϟϟϟϟϟϟ Plusieurs fois par jour **Sa durée :** Quelques secondes ϟϟϟϟϟϟϟϟϟϟ Plusieurs années **Son intensité :** Très faible ϟϟϟϟϟϟϟϟϟϟ Très élevée
ÉMOTION DÉSAGRÉABLE N° 2 : - - - - - - - - - - - - - -	**Sa fréquence :** 1 fois par mois ϟϟϟϟϟϟϟϟϟϟ Plusieurs fois par jour **Sa durée :** Quelques secondes ϟϟϟϟϟϟϟϟϟϟ Plusieurs années **Son intensité :** Très faible ϟϟϟϟϟϟϟϟϟϟ Très élevée
ÉMOTION DÉSAGRÉABLE N° 3 : - - - - - - - - - - - - - -	**Sa fréquence :** 1 fois par mois ϟϟϟϟϟϟϟϟϟϟ Plusieurs fois par jour **Sa durée :** Quelques secondes ϟϟϟϟϟϟϟϟϟϟ Plusieurs années **Son intensité :** Très faible ϟϟϟϟϟϟϟϟϟϟ Très élevée

2 stratégies possibles !
Il est impossible de ressentir au même moment deux émotions opposées. Aussi, pour se sentir mieux, deux stratégies existent : trouver le moyen de réduire la fréquence, la durée et l'intensité des émotions désagréables ou mettre en place des stratégies pour augmenter la fréquence, la durée et l'intensité des émotions les plus agréables.

Mon bilan de personnalité

D'après les recherches récentes en psychologie positive, les personnes les plus épanouies ont certains traits de caractère en commun. Or, si 50 % de votre épanouissement dépend de votre héritage génétique (qui est à l'origine de votre personnalité), 40 % dépendent de vos décisions et de vos comportements. Quels traits de caractère positifs possédez-vous ? Pour révéler la version la plus positive de votre personnalité, commencez donc par remplir le diagramme suivant. Là encore, vous pourrez repérer en un coup d'œil vos forces sur lesquelles vous pouvez vous appuyer et celles qu'il vous faudra peut-être développer. Ainsi, vous mobiliserez vos qualités positives innées, et vous travaillerez à acquérir les autres qualités qui manquent pour révéler votre magie personnelle !

Mes forces de caractère

Selon la psychologie positive, les 24 traits de caractère suivants, regroupés en 6 grandes catégories de vertus, sont les qualités des personnes positives, les ingrédients du bonheur. À quel point êtes-vous une personne aux qualités de leadership, de pardon, ou encore de curiosité ? Coloriez ce diagramme proportionnellement à la part de chacune des forces dans votre caractère.

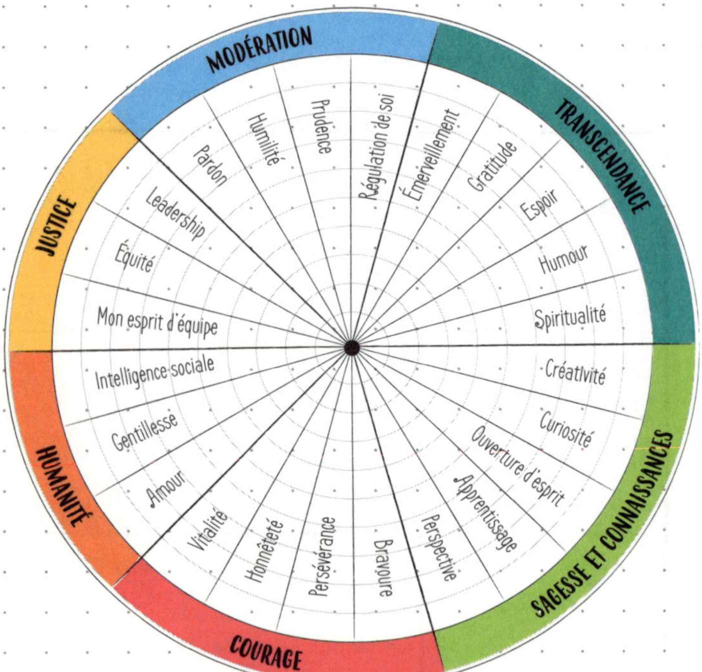

Un test gratuit en ligne
Vous pouvez dans un premier temps remplir ce diagramme en fonction de votre propre vision de vous-même, mais il serait aussi intéressant ensuite de passer le test officiel de l'inventaire des forces de caractère selon le modèle, très influent dans le courant de la psychologie positive, des psychologues Martin Seligman et Christopher Peterson (2004), et qui est proposé gratuitement sur le site canadien : http://www.psychomedia.qc.ca/tests/inventaire-des-forces-de-caractere.

Mon bilan relations

Vos relations tiennent un rôle important dans votre épanouissement. Les personnes les plus épanouies au monde sont celles qui, quels que soient leur âge, leur situation professionnelle, leur niveau de revenus ou leur culture, ont en revanche des relations de qualité (c'est-à-dire une relation forte, avec des échanges profonds, du partage, de la bienveillance, de l'encouragement… des relations apportant un sentiment de bien-être et de sécurité) avec leurs proches. Avant d'aller plus loin, il est donc important de faire le point sur vos différentes relations sociales : dans un premier temps, prenez conscience de l'état de vos cercles sociaux, puis vous pourrez approfondir la nature de vos relations.

Mes cercles sociaux

Remplissez ces cercles par le maximum de noms de personnes qui vous viennent à l'esprit, tous cercles sociaux confondus.

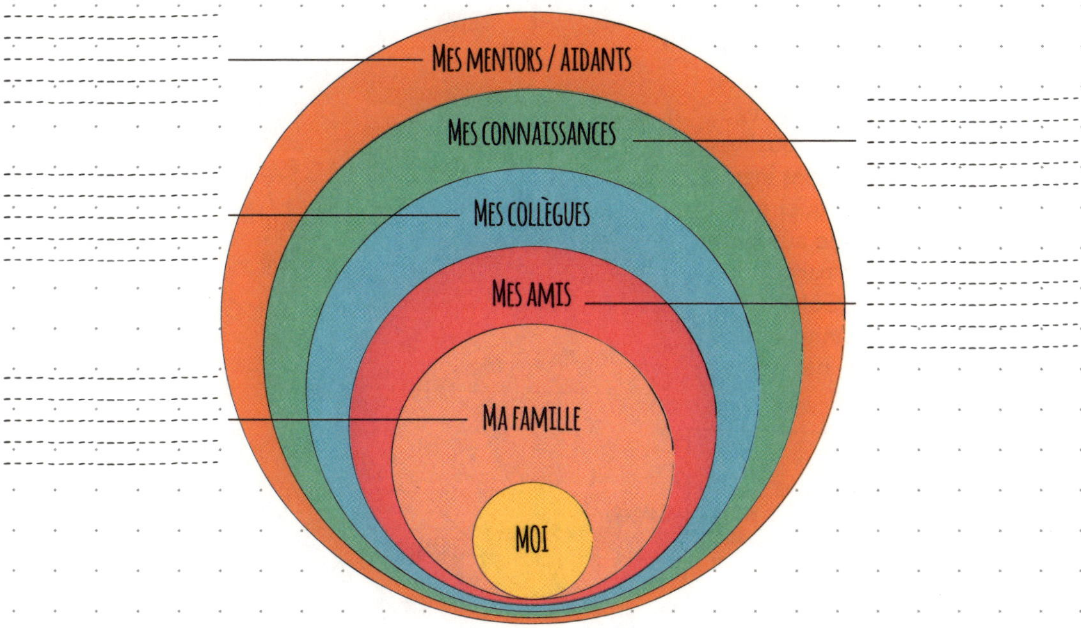

La nature de mes relations

Dans la liste des mots suivants, coloriez tous ceux qui décrivent le mieux vos relations actuelles. Inscrivez aussi vos propres mots !

Autonomie

Complémentarité

Souffrance

Bonheur

Authenticité

Violence

Tristesse

Gentillesse

Victime

Relation toxique

Bonté

Intimité

Méfiance

Altruisme

Générosité

Esprit d'équipe

Rejet

Honnêteté

Domination

Partage

Incompréhension

Abandon

Solitude

Culpabilité

Sérénité

Admiration

Relation fusionnelle

Jalousie

Franchise

Possessivité

Timidité

Tendresse

Agressivité

Déception

Simplicité

Compassion

Superficialité

Manipulation

Rires

Amour

Mensonge

Dépendance

Complicité

Confiance

Joie

Colère

Amitié

Masques

Respect

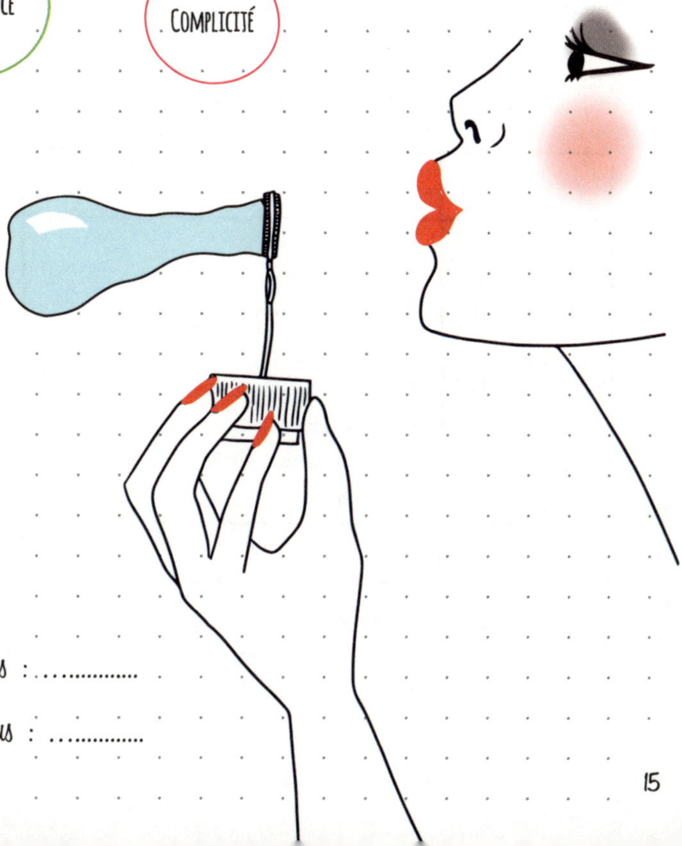

Nombre de mots coloriés plutôt positifs selon vous : ....

Nombre de mots coloriés plutôt négatifs selon vous : ....

Mon bilan vitalité

Si le bonheur ne correspond pas à l'absence de malheur, la pleine santé ne correspond pas non plus à une absence de maladies ou de symptômes. La psychologie positive a démontré que, pour vivre une vie pleinement épanouie, il nous faut aussi vivre une vie pleine de vitalité, c'est-à-dire en pleine santé, avec beaucoup de peps et de bien-être ! Un bon sommeil, un corps tonique et détendu et une alimentation saine sont des bases essentielles à votre positive attitude !

Être positive vis-à-vis de son corps, c'est aussi adopter l'attitude body positive !

Vous avez sans doute déjà entendu parler du mouvement body positive, qui prône l'acceptation de soi quelles que soient ses formes. L'une des premières clés du bonheur est effectivement d'apprendre à vous accepter et à vous aimer telle que vous êtes. Accepter ses rondeurs et aimer son corps ne signifie pas pour autant renoncer à prendre soin de soi et de sa santé. Booster votre vitalité vous permettra peut-être de faire évoluer votre silhouette, mais surtout d'activer votre dynamisme et de renforcer la sécrétion d'hormones du bien-être nécessaires à la positive attitude. Alors, où en êtes-vous côté vitalité ? Faites le test qui suit pour en avoir le cœur net !

Mon test de vitalité

Évaluez sur une échelle de 1 à 10 chacun des items suivants, en ajoutant un « + » à côté si vous êtes plutôt en progression sur ce point actuellement, et un « – » si, au contraire, vous avez plutôt tendance à régresser (par exemple : 5 + signifie que, sur cet item, je vais de mieux en mieux, alors que 5 – signifie que je dois être vigilante sur ce point).

			En progression ou en régression ?
Mon alimentation	• Déjeuner équilibré	☐☐☐☐☐☐☐☐☐☐	
	• Dîner équilibré	☐☐☐☐☐☐☐☐☐☐	
	• En-cas en journée	☐☐☐☐☐☐☐☐☐☐	
	• Quantités raisonnables	☐☐☐☐☐☐☐☐☐☐	
	• Qualité saine des aliments	☐☐☐☐☐☐☐☐☐☐	
	• Pas trop gras	☐☐☐☐☐☐☐☐☐☐	
	• Pas trop sucré	☐☐☐☐☐☐☐☐☐☐	
	• Pas trop salé	☐☐☐☐☐☐☐☐☐☐	
Ma santé	• Temps de respiration	☐☐☐☐☐☐☐☐☐☐	
	• Santé physique générale du corps	☐☐☐☐☐☐☐☐☐☐	
	• Comportement avec l'alcool	☐☐☐☐☐☐☐☐☐☐	
	• Comportement avec le tabac	☐☐☐☐☐☐☐☐☐☐	
	• Comportement avec les médicaments	☐☐☐☐☐☐☐☐☐☐	

			En progression ou en régression ?
Mon activité physique	• Réveil corporel		
	• Marche quotidienne (5 000 pas par jour)		
	• Sport doux (yoga, Pilates, stretching…)		
	• Sport d'équipe (volley, tennis, badminton,..)		
	• Sport cardio (running, vélo, body attack…)		
	• Sport de renforcement musculaire (fitness…)		
	• Au moins 2 ou 3 séances par semaine		
	• Plaisir dans le sport		
Mon sommeil	• Heure du coucher		
	• Heure du lever		
	• Quantité de sommeil		
	• Qualité de l'endormissement		
	• Qualité du sommeil		
	• Énergie au réveil		
	• Énergie dans la journée		
	Votre score total de vitalité :	**......../260 points**	

Résultats :

→ Vous avez obtenu moins de 100 points de vitalité ?

Reprendre votre hygiène de vie est l'une de vos priorités ! La positive attitude repose beaucoup sur notre énergie vitale. Mais rassurez-vous, il n'est jamais trop tard pour reprendre sa forme en main ! Avec les activités proposées chaque mois dans ce cahier, vous allez vite redevenir pleine de peps !

→ Vous avez obtenu entre 101 et 160 points de vitalité ?

Vous avez déjà de bonnes habitudes, mais vous pouvez encore mieux faire ! Laissez-vous guider jour après jour par ce cahier et appréciez ce nouvel élan de vitalité qui va vous donner encore plus l'envie de profiter de la vie.

→ Vous avez obtenu plus de 160 points de vitalité ?

Vous avez une hygiène de vie exceptionnelle et vous pouvez en être fière ! Bravo ! Continuez ainsi tout en vous inspirant des idées proposées chaque semaine pour booster encore et toujours votre vitalité !

Mon suivi pensée positive

Pour rayonner et diffuser de bonnes ondes, il est important de développer votre positive attitude dans tous les domaines de votre vie. Si vous êtes parfaitement heureuse dans votre vie sociale mais que votre vie amoureuse est au 3e sous-sol, il est évident que vous ne rayonnerez pas d'une satisfaction totale. Bien sûr, on ne peut pas tout avoir, mais on peut essayer de travailler un peu chaque domaine de vie pour l'améliorer et booster l'état général ! L'équilibre de vie est aussi un facteur essentiel d'épanouissement.

Faites ici le suivi de votre satisfaction dans vos domaines de vie durant le programme. Vous visualiserez ainsi en un coup d'œil l'évolution de votre état d'esprit tout au long de ces 3 mois, et vous pourrez ainsi réajuster rapidement et de façon ciblée en cas de besoin. Par exemple, si vous constatez que votre note de plaisir personnel est bien plus faible que toutes les autres, vous saurez que durant le mois à venir, l'un de vos objectifs du mois sera de porter encore plus d'attention aux moments que vous vous accorderez à vous-même.

Pour cela, évaluez chaque mois votre niveau de pensée positive sur une échelle de 1 à 10 dans chacun de vos domaines de vie et coloriez le diagramme suivant en fonction de vos résultats :

- SATISFACTION AVANT LE PROGRAMME
- SATISFACTION À LA FIN DU MOIS 1
- SATISFACTION À LA FIN DU MOIS 2
- SATISFACTION À LA FIN DU MOIS 3

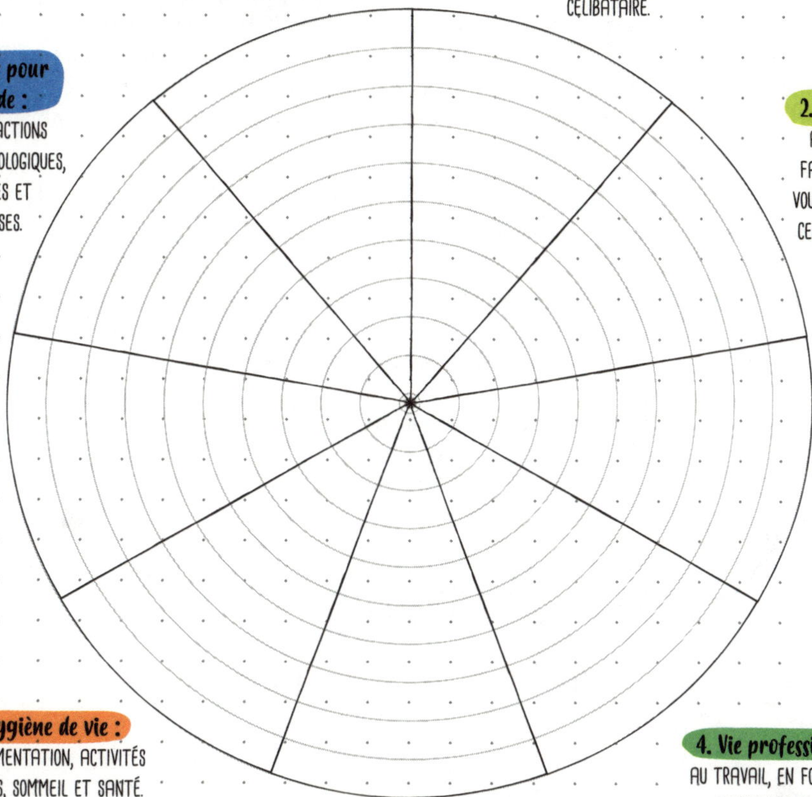

1. Vie amoureuse :
DANS VOTRE COUPLE OU VOTRE VIE DE CÉLIBATAIRE.

2. Vie familiale :
AU SEIN DE VOTRE FAMILLE, CELLE DONT VOUS ÊTES ISSUE ET/OU CELLE QUE VOUS AVEZ CRÉÉE.

3. Vie sociale :
VOTRE VIE AVEC VOS AMIS, VOS CONNAISSANCES, VOS MENTORS ET VOTRE VIE EN SOCIÉTÉ.

4. Vie professionnelle :
AU TRAVAIL, EN FORMATION OU EN RECHERCHE D'EMPLOI.

5. Plaisirs personnels :
DANS VOS LOISIRS, VOS MOMENTS DE BIEN-ÊTRE, DE DÉTENTE ET DE PLAISIRS.

6. Hygiène de vie :
CÔTÉ ALIMENTATION, ACTIVITÉS PHYSIQUES, SOMMEIL ET SANTÉ.

7. Gestion du quotidien :
CÔTÉ TÂCHES MÉNAGÈRES, GESTION DU TEMPS, DE L'ARGENT ET DES PAPIERS ADMINISTRATIFS.

8. Actions pour le monde :
DANS VOS ACTIONS ALTRUISTES, ÉCOLOGIQUES, CITOYENNES ET GÉNÉREUSES.

9. Épanouissement personnel :
EN LIEN AVEC LA CONFIANCE EN SOI, L'ESTIME DE SOI, L'AMOUR DE SOI.

Mon objectif

Vous rêvez d'être solaire, pleine d'énergie, d'envies, vous rêvez de profiter pleinement de chaque instant, de chaque bonheur, de toutes les belles occasions, belles émotions, beaux moments avec ceux que vous aimez… Maintenant que vous savez d'où vous partez, vous pouvez vous concentrer sur cet objectif et mettre en place un plan d'action pour y arriver. Pour cela, synthétisez ci-dessous vos envies et notez-y vos atouts pour y arriver (votre détermination, votre organisation, votre persévérance…), vos motivations (être plus positive, améliorer vos relations, croire en vous-même…) et vos jokers (ce qui vous aidera dans les moments difficiles). Par la suite, dès que vous sentirez votre motivation s'amenuiser, relisez à voix haute. Ça vous reboostera à fond !

MON PLAN

- Je fais chaque lundi mon planning feel good et je note mon intention positive pour la semaine.
- Je note quotidiennement mes bonheurs du jour et mes objectifs du lendemain.
- J'applique les petits rituels pensée positive donnés chaque jour
- Un max de joie, de rires, d'amour et de gratitude chaque jour.

MES MOTIVATIONS

- Évaluer à 7 ou + ma pensée positive dans chacun de mes domaines de vie.
- Me lever chaque jour avec le sourire.
- Me coucher chaque soir fière de moi, de ma journée et de ma vie.
- ....

OBJECTIF pensée positive en 12 SEMAINES

MES ATOUTS

- Mes trackers de motivation
- ....
- ....

MES JOKERS

- Le soutien de ....
- ....
- ....

Mon guide pensée positive

C'est décidé, vous voulez donc plus de positif dans votre vie. Le problème, c'est que répéter chaque jour «Je vais bien, tout va bien» en appliquant la méthode Coué... vous avez quelques doutes. Eh oui, ce n'est pas si simple! Alors de quoi parle-t-on précisément? Pensée positive? Psychologie positive? Quelle différence? Et comment ces techniques vont-elles pouvoir vous aider?

Mais au fait, c'est quoi la pensée positive?

Je vais bien, tout va... bien?

La positive attitude est souvent associée à la fameuse méthode Coué. Le pharmacien et docteur Émile Coué est en effet considéré comme le père de la pensée positive par l'autosuggestion. Il invitait ses patients à répéter devant un miroir 20 fois par jour le mantra suivant : «Tous les jours, à tous points de vue, je vais de mieux en mieux». Si cette méthode a encore aujourd'hui un franc succès, elle a aussi ses limites. Et des chercheurs en psychologie positive canadiens ont mis en évidence ces fameuses limites! Ils ont confirmé par leurs études que l'autosuggestion positive améliore l'humeur des individus ayant déjà une bonne estime d'eux-mêmes, mais pas celle de ceux qui ont une faible estime d'eux-mêmes. S'ils ne croient pas à ce mantra qu'ils répètent sans cesse, ils se sentent même encore moins bien qu'avant!

> Ce livre va vous proposer tout au long des 3 mois des affirmations positives, des mantras à vous répéter sur le principe de l'autosuggestion, alors attention : reformulez-les si vous n'y croyez pas! Créez la formule qui vous donnera des ailes!

Et la psychologie positive, alors, quèsaco?

Mais alors, comment développer une pensée positive? Martin Seligman, le père de la psychologie positive, a identifié des conditions et pratiques qui développent réellement cet état d'esprit favorisant l'épanouissement personnel et le bonheur. Selon sa théorie du bien-être, 5 points sont essentiels :

• Développez vos émotions positives!

Multipliez les occasions de ressentir chaque jour de belles émotions comme l'amour, la joie, le rire, la tendresse, l'émerveillement, l'enthousiasme ou la gratitude.

• Menez une vie engagée!

Relevez régulièrement de nouveaux défis, sortez de votre zone de confort et multipliez les activités dans lesquelles vous vous sentez à la hauteur de la tâche, ni trop faciles, ni trop compliquées. Multipliez les moments de «flow» dans votre vie, c'est-à-dire des moments durant lesquels vous êtes tellement passionnée par ce que vous faites que vous ne voyez plus le temps passer!

• Développez vos relations positives !

Prenez soin de vos relations, avec bonté, altruisme et empathie. Veillez à maintenir quelques solides relations sur la durée, pour vous sentir aimée, soutenue et entourée en toute circonstance, même quand vous êtes seule. Et multipliez les moments de rires partagés, de tendresse, de complicité et d'amour.

• Menez une vie pleine de sens !

Multipliez les occasions d'agir en accord avec vos valeurs, vos ambitions, et en ayant la sensation de contribuer à quelque chose de plus grand que vous : faites du bénévolat, participez à des actions de solidarité ou réduisez votre impact écologique !

• Célébrez vos réalisations !

Fixez-vous des objectifs et nourrissez vos ambitions pour réaliser des choses qui vous procurent un sentiment d'accomplissement. S'efforcer d'atteindre ces objectifs peut déjà vous procurer de la satisfaction et un sentiment de fierté, et l'accomplissement vous envahira lorsque l'objectif sera atteint. Puis célébrez vos réalisations : les grandes comme les petites, toutes ont leur importance !

• Boostez votre vitalité !

Quelques années plus tard, de nouvelles recherches sont venues compléter ce modèle en y ajoutant une sixième clé de l'épanouissement : la vitalité !
Prenez pour ça soin de votre corps et de votre santé, sans attendre d'être mal pour mieux dormir, mieux manger et mieux bouger ! Abordez la vie avec enthousiasme et énergie, vivez la vie comme une aventure pour vous sentir vivante !

Tout le monde peut le faire !

50 % de votre positive attitude proviennent de votre héritage génétique et familial, 10 % seulement dépendent directement de votre environnement (votre lieu de vie, votre culture, votre apparence physique, votre niveau de richesse, votre état de santé, votre âge, votre genre, votre ethnie, votre religion ou la météo). Donc, si 60 % de votre positive attitude ne dépendent pas de vous, cela vous laisse une marge de manœuvre de 40 % pour développer votre optimisme ! Et c'est justement à ce niveau-là que ce Cahier va pouvoir vous aider !

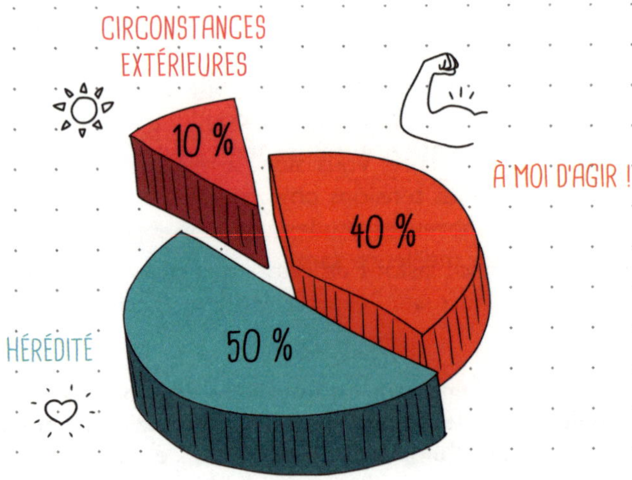

Objectif positive attitude !

Alors que la psychologie traditionnelle essaie de guérir la souffrance, la psychologie positive propose tout simplement de booster vos talents et vos forces pour vivre plus heureuse. Ce Cahier va donc vous accompagner dans la recherche de vos talents, de vos forces et de vos solutions pour mener cette vie plus agréable, engagée et pleine de sens ! Fini de passer votre temps à cacher vos imperfections et fragilités, il est temps de révéler vos capacités et de profiter pleinement de chaque instant ! Vous détenez en vous le germe de la positive attitude, c'est le moment de le cultiver !
OK, même en étant 100 % positive, vous serez toujours amenée à rencontrer des difficultés. Le monde reste le même, l'existence ne deviendra pas tout à coup un conte de fées ! Mais votre nouveau regard positif vous permettra aussi de transformer un problème en opportunité ! Et tout sera plus simple...

5 bonnes raisons de booster ma positive attitude

1. Pour illuminer vos journées !

Vous en avez marre de passer votre temps à râler, à ruminer des pensées déprimantes et sans fin ? C'est bien normal ! Rappelez-vous ces belles journées durant lesquelles tout se déroule à merveille, rappelez-vous ces périodes de votre vie durant lesquelles vous étiez si bien que même les mauvaises nouvelles vous donnaient de la motivation... Et imaginez une vie entière dans cette énergie, jour après jour ! C'est ce que vous pouvez obtenir en développant votre positive attitude : une succession de belles journées, même en cas de pluie, d'orage ou de tempête ! Vous allez enfin vraiment profiter des petits bonheurs et de l'instant présent !

2. Pour être pleine de peps !

En développant votre optimisme, vous allez booster la production de vos hormones de bien-être qui contribuent aussi à votre bonne santé. La positive attitude va renforcer votre système immunitaire, vous aider à mieux dormir et donc à être en pleine forme jour après jour. Bye bye les tensions physiques, le stress, les migraines et la dépression ! Place à la vitalité ! Des nombreuses études ont même démontré que les optimistes vivent jusqu'à 10 ans de plus et en meilleure santé !

3. Pour prendre les bonnes décisions !

Quand vous faites le choix d'être plus positive, vous le faites non pas en fonction des circonstances, mais quelles que soient les circonstances. En adoptant la positive attitude, vous vous sentirez plus forte et plus sûre de vous pour prendre les meilleures décisions pour vous-même et votre propre bien-être. Fini le mode victime, vous ne subirez plus les événements ! Vous serez guidée par vos besoins, ceux des autres, mais aussi par vos valeurs.

et motivations. Vous avez la pression au bureau ? Vous saurez enfin l'exprimer clairement afin de trouver une solution qui convienne à votre boss et respecte votre rythme et votre vie perso !

4. Pour améliorer votre sociabilité !

C'est souvent la peur d'être jugée, rejetée, abandonnée ou de décevoir qui empêche de nouer des relations harmonieuses. La pensée positive est un formidable moyen de s'affirmer et elle vous rend plus sympathique et attrayante : votre compagnie va être non seulement de plus en plus appréciée, mais aussi très vite recherchée. Vous allez renouer avec des personnes chères à votre cœur, mais aussi en rencontrer de nouvelles. Sans oublier que l'optimisme est contagieux… vous allez donc rayonner et faire du bien à tout votre entourage. C'est merveilleux, non ?

5. Pour mieux surmonter les difficultés !

Avec la pensée positive, vous allez aussi développer votre résilience, c'est-à-dire votre capacité à gérer vos émotions et à rebondir après des événements traumatisants. Votre optimisme vous permettra de surmonter plus facilement les difficultés de la vie ; vous ne verrez plus de graves problèmes, mais des défis à relever et, au-delà, des opportunités cachées. Et même si vous tombez, vous vous relèverez bien plus vite, car vous saurez repérer plus rapidement les solutions pour vous sortir de toute mauvaise passe.

Comment booster ma pensée positive ?

Un programme progressif en 3 mois

Bien sûr, pour commencer, tous les outils dont vous avez besoin pour renforcer votre positive attitude se trouvent dans ce Cahier pour les 3 prochains mois. Chaque jour, des petits défis vous guideront pas à pas pour développer votre focus positif, vous invitant à vous observer dans un premier temps pour prendre conscience de vos forces, de vos habitudes, de vos réussites, mais aussi de tout le positif qui vous entoure. Progressivement, vous apprendrez à renforcer votre optimisme, votre confiance en vous et vos relations positives, que ce soit dans votre vie perso ou pro. À la fin de ces 3 mois, vous déborderez de good vibes et vous aurez les moyens de vous créer la vie de vos rêves, une vie à la fois pleine de plaisir et de sens.

Mes routines positives

Votre objectif nécessite un profond changement susceptible de se heurter à quelques résistances plus ou moins conscientes de votre part. Une méthode douce et efficace pour un changement progressif réside dans la mise en place de routines positives, c'est-à-dire d'habitudes qui motivent, apaisent, stimulent, enthousiasment ou génèrent toutes formes d'émotions agréables sur le moment et ayant un rôle positif sur le long terme. Tout au long de ce programme, des routines vous seront proposées : des routines quotidiennes, déjà, pour noter vos 3 bonheurs du jour et vos objectifs pour le lendemain, mais aussi des routines hebdomadaires et mensuelles pour faire régulièrement le point sur votre évolution.

Mon Carnet positif

À l'image du sportif qui note quotidiennement ses performances pour se motiver à faire toujours mieux et qui note sa progression grâce à sa régularité et à sa persévérance, il est possible de muscler sa pensée positive en s'entraînant jour après jour à cultiver des émotions positives. Dès maintenant et au-delà de ces 3 premiers mois, pour maintenir le niveau dans la durée, munissez-vous d'un carnet dans lequel vous pourrez consigner toutes vos émotions positives, vos succès et autres formes de réussites et de gratitudes. Votre Carnet positif sera votre allié dans les semaines à venir, mais aussi tout au long de votre vie.

Mois 1

Objectif

Je saisis les petits bonheurs de la vie !

Ça y est, c'est le top départ! Aujourd'hui est le premier jour du reste de votre vie! Et dans cette nouvelle partie de votre vie, vous allez enfin voir la vie sous son plus beau jour. L'objectif de ces premières semaines est de rééduquer votre perception du monde en mode «focus positif» afin de profiter de toutes les belles choses qui existent déjà dans votre vie!

Je passe en mode « pleine conscience »

La pleine conscience, qu'est-ce que c'est?

Selon une étude américaine, seulement 50% de notre temps est consacré à vivre vraiment l'instant présent. Nous passons le reste de notre temps à ressasser le passé ou à nous inquiéter pour l'avenir, quand nous ne sommes pas occupés à juger, comparer ou râler (toi-même tu le sais).
Pratiquer la «mindfulness», ou pleine conscience, consiste à porter volontairement son attention sur le moment présent. Selon le professeur Jon Kabat-Zinn, vivre en pleine conscience, c'est embrasser la vie telle qu'elle est, sans jugement, et rester à l'écoute bienveillante de vos pensées, de vos émotions, de votre corps, des autres et du reste du monde, et ce, d'instant en instant.

Le pouvoir du moment présent

Avec votre vie à 100km/h prise entre le stress du bureau, vos obligations persos et toutes vos activités, vos pensées peuvent vite prendre le contrôle («Il faut que je pense à faire ci», «Comment je vais arriver à gérer ça?», «J'aurais dû faire ci, j'aurais gagné du temps», «J'aurais dû dire ça»), vous empêchant de vivre réellement dans l'instant présent. Votre absence de temps présent nourrit en vous stress, anxiété, angoisse et pensées négatives en tout genre et accélère en plus votre vieillissement cellulaire. Selon les chercheurs en psychologie positive, vivre le moment présent en pleine conscience vous permet de gérer vos pensées pour qu'elles ne vous envahissent plus et donc de reprendre le contrôle de vos émotions. Focalisée sur le présent (tel bruit que vous entendez, telle texture que vous touchez, telle image, telle conversation qui se déroule), vous ne laissez plus la place aux pensées angoissantes ou, du moins, si elles surviennent, vous êtes capable ensuite de revenir au présent sans partir dans des ruminations qui durent des heures. Pratiquer la pleine conscience avec régularité contribue à vous plonger dans un état général plus apaisé et plus attentif. Fini le stress de vous demander comment faire pour boucler votre planning de la journée! Plus à l'écoute de vous-même et des autres à chaque instant, vos relations seront de plus en plus sereines, authentiques et ressourçantes. Plus zen, vous serez aussi plus créative, à l'écoute de vos idées et de votre intuition. Mieux : lorsque vous vous plongez pleinement dans l'instant, vous devenez attentive à tous ces détails merveilleux (la bonne odeur du café, le bruit rassurant de la pluie)… Et la vie devient magique!

En mode slow attitude

Pour calmer votre mental, apaiser vos émotions et être à l'écoute de votre corps en pleine conscience, il est nécessaire déjà de ralentir ! OK, c'est excitant d'enchaîner les super-projets, les activités, et d'avoir une vie remplie de sorties. Mais on peut finir par ne plus profiter de rien. La slow attitude ne consiste pas à tout faire à la vitesse de la tortue, mais à savoir prendre le temps de chaque chose afin d'en profiter vraiment. Il s'agit aussi de savoir caler dans votre planning des plages de temps pour vous, pour ne rien faire, vous cocooner, lire, regarder passer les nuages... Bref, ralentir. Cette tendance vous invite à trouver un bel équilibre entre activité et repos, travail et temps libre, enthousiasme et sérénité...

Objectif : profiter de l'instant !

Une fois le bon rythme trouvé, la pleine conscience repose sur votre capacité à savourer l'instant présent, à l'apprécier pleinement au travers de vos 5 sens. Prendre le temps d'observer ce qui vous entoure, de façon globale et dans les petits détails, ce qui est en mouvement, mais aussi ce qui est présent et auquel vous ne faites pas toujours attention. Sentir ces odeurs et écouter ces bruits, des plus proches aux plus lointains, et observer ce que cela provoque en vous. Savourer chaque repas en pleine conscience et apprécier réellement les saveurs et sensations gustatives à chaque bouchée et à chaque gorgée. Prendre conscience du confort de vos vêtements, de la sensation du contact du sol, du fauteuil, peut-être, et de tout ce qui touche votre peau. L'art de savourer repose donc sur cette attention portée sur tout ce que vous ressentez dans l'instant présent grâce à vos sens, que ce soit agréable ou non, sans attente ni jugement.

Je saisis les petits bonheurs

Évidemment, en vous connectant vraiment à l'instant présent, vous allez aussi apprécier encore plus tous vos petits moments de bonheur. Chaque sourire, chaque geste tendre, chaque parole touchante sera un vrai cadeau ! Vous vous émerveillerez devant la beauté d'un paysage, d'un papillon ou d'un enfant qui rit aux éclats... Chaque moment recélera un petit cadeau de la vie.

Comment j'actionne le mode pleine conscience ?

Pour profiter enfin réellement de l'instant présent, il vous faudra donc laisser plus de place dans votre vie au slow. À la fin du mois, vous devriez avoir trouvé votre rythme et votre équilibre de vie qui vous permettra d'avancer tout en appréciant et en savourant chaque instant sur le chemin. Cela ne veut pas dire que vous allez vivre au ralenti, bien au contraire ; vous serez même encore plus efficace dans vos activités, car votre concentration en sera décuplée et vos performances avec. Vous alternerez des moments de grande efficacité, que le chercheur Mihaly Csikszentmihalyi a nommés les moments d'expérience optimale ou de «flow», avec des moments de calme et de sérénité. Et c'est cet équilibre qui vous permettra de vivre vraiment chaque instant en pleine conscience et d'apprécier enfin chacun de ces instants à leur juste valeur.

J'active mon focus positif !

Le pouvoir du focus !

Ce sur quoi vous portez votre attention détermine votre perception et votre interprétation du monde : en fonction de votre focus, votre vision d'une même situation peut être totalement opposée à celle d'une autre personne. Le focus peut se comparer à une paire de lunettes. Avec des lunettes aux verres foncés, tout devient plus sombre, alors que des verres colorés vous permettent de voir la vie en rose. Il est possible de percevoir le monde à travers deux focus :

- **le focus négatif**, qui consiste à porter principalement votre attention sur les manques, les problèmes, les frustrations et les dysfonctionnements, et à trouver du négatif même dans ce qui va bien ;
- **le focus positif**, qui consiste à percevoir le meilleur de chaque personne, de chaque situation, à considérer les talents, les ressources, les succès, ce qui est bon, ce qui est beau, et à trouver du positif même dans ce qui ne va pas.

Votre focus influence directement votre humeur, votre motivation, mais aussi votre performance et vos relations. Le focus négatif engendre plus de tensions, de stress et de conflits que le focus positif, qui contribue non seulement à rendre votre perception du monde plus positive, mais aussi à améliorer votre humeur, votre bien-être général et à renforcer votre confiance en vous et votre optimisme.

Je reprogramme mon cerveau !

Pour développer votre focus positif permanent, une pratique intensive, quotidienne et durable est nécessaire. Durant les semaines à venir, vous allez progressivement vous mettre en condition, en commençant par décider chaque matin de saisir tout ce qui sera positif dans la journée à venir et en entraînant chaque soir votre cerveau à se remémorer les éléments positifs de la journée. Vous prendrez vite le réflexe de chercher avant tout les qualités, forces et talents d'une personne, de chercher de façon générale le positif en vous et autour de vous, même dans les situations les plus problématiques. Bonne nouvelle : quand on cherche, on trouve !

Cherchez et vous trouverez !

- Regardez quelques instants autour de vous, et cherchez tout ce qui est de couleur bleue.
- Fermez les yeux. Repensez à toutes ces choses bleues et comptez-les dans votre tête.
- Sans ouvrir les yeux, remémorez-vous les choses de couleur verte et comptez-les.

Résultat : vous vous êtes souvenue de plus d'objets bleus que de verts. On trouve toujours beaucoup plus de ce que l'on cherche !

Mon plan d'action pensée positive

L'objectif du mois est donc d'actionner votre focus positif en pleine conscience pour vous permettre de profiter au maximum de chacune de vos journées dans le meilleur état d'esprit possible. Ce ne sera pas toujours facile, car, sans un bon entraînement régulier, les anciens modes de pensée peuvent vite resurgir et reprendre le dessus. Votre régularité sera donc votre alliée pour entraîner progressivement votre cerveau jusqu'à ce que vous obteniez une positive attitude à toute épreuve.

Profil 1 : Vous avez la stress attitude

Jusqu'ici, vos journées ressemblent davantage à des cauchemars qu'à des souvenirs remarquables. Vos pensées négatives et vos angoisses sont si envahissantes qu'elles ont fini par contaminer votre vision du monde, mais aussi de vous-même ! En étant tellement focalisée sur vos peurs, vos manques et vos défauts, vous en êtes arrivée à ne plus faire attention à vos moments de bonheur, à vos succès et à vos qualités ! Vous libérer de ces pensées négatives vous semble quasiment mission impossible. Détrompez-vous et ayez confiance en vous ! Vous en êtes capable et vous allez vous le prouver !

Votre plan pensée positive

Pour activer votre focus positif ce mois-ci, vous devrez :

- **observer et accepter qui vous êtes vraiment**, sans jugement : prenez conscience de vos pensées, de vos émotions et de vos habitudes, et apprenez à vous aimer telle que vous êtes, en acceptant autant vos imperfections que tout ce qu'il y a de plus beau en vous ;
- **identifier et accepter vos forces positives** : découvrez les forces en vous qui contribuent déjà à votre propre bien-être et à vous rendre positive et forte dans votre vie quotidienne ;
- **prendre conscience de vos réussites** : rappelez-vous vos succès, vos victoires et tout ce qui vous rend fière de vous et de votre vie ;
- **apprécier le positif autour de vous** : savourez les rayons du soleil et tout ce que la nature, votre maison, votre entourage, la société et le monde vous offrent de plus beau jour après jour.

Les difficultés que vous pourriez rencontrer

- Vous aurez probablement du mal au début à ne pas porter de jugement sur vous-même et sur ce qui vous entoure. Le monde n'est pas parfait, vous n'êtes pas parfaite, mais pas besoin d'être parfaite pour être une belle personne. Et grâce à ce plan d'action focus

Mes trackers

Dans votre tableau Trackers du mois (p. 44), notez vos 4 objectifs :

- Zéro jugement sur moi-même (dès la semaine 1)
- Pleine conscience de mes forces positives (à partir de la semaine 2)
- Pleine conscience de mes réussites (à partir de la semaine 3)
- Pleine conscience du positif qui m'entoure (à partir de la semaine 4)

Et faites votre suivi chaque jour !

positif, vous arriverez de mieux en mieux à vous accepter et même à vous aimer telle que vous êtes.

- Au départ, vous sous-estimerez probablement vos forces et vos réussites, mais rassurez-vous, vous réaliserez très vite que vos talents et vos succès ont de la valeur et saurez justement les apprécier à leur juste valeur.

Profil 2 : Vous avez la cool attitude

Vous avez peut-être déjà conscience de la chance que vous avez, pourtant vous sentez bien au fond de vous que cela ne suffit pas à votre bonheur. Vous doutez encore parfois de votre capacité à vivre une vie épanouie et ne savez plus forcément ce qui est bon ou non pour vous : il vous arrive encore un peu trop souvent de prendre des décisions que vous regrettez après coup (comme acheter une nouvelle tenue dont vous n'avez pas forcément besoin sur un coup de cœur ou reporter une séance de sport car vous n'arrivez pas à décrocher de votre série préférée)... Rassurez-vous ! Vous avez toutes les ressources nécessaires en vous pour profiter pleinement de la vie, avec vos forces et vos imperfections, et vous allez vous le prouver !

Votre plan pensée positive

Pour activer votre focus positif ce mois-ci, vous devrez :

- **développer votre bienveillance envers-vous même** : en observant vos pensées, vos émotions et vos habitudes, faites preuve de bienveillance envers vous-même, envers vos imperfections et vos derniers points à améliorer pour devenir la personne que vous voulez vraiment devenir ;
- **redonner de la valeur à vos forces positives** : ne vous contentez pas de lister vos talents, vos qualités et ressources personnelles, appréciez réellement la valeur de toutes ces forces positives qui sont déjà en vous ;
- **revaloriser vos réussites et vos succès** : ne sous-estimez pas vos réussites du passé ; chaque succès, aussi infime soit-il, a de l'importance et mérite que vous en soyez réellement fière ;
- **faire ressortir le positif autour de vous** : prenez encore davantage conscience du positif qui vous entoure, ouvrez très grands les yeux pour voir toutes les jolies choses.

Les difficultés que vous pourriez rencontrer...

Il est possible, au début, que vous parveniez à identifier vos forces, vos réussites et les atouts de votre environnement, mais qu'il vous soit

Mes trackers

Dans votre tableau Trackers du mois (p. 44), notez vos 4 objectifs du mois :

- Bienveillance envers moi-même (dès la semaine 1)
- Intégration de mes forces positives (à partir de la semaine 2)
- Intégration de mes réussites (à partir de la semaine 3)
- Valorisation du positif qui m'entoure (à partir de la semaine 4)

Et faites votre suivi chaque jour !

encore difficile de les intégrer pleinement comme du positif. Suivez bien ce plan d'action focus positif et vous ressentirez petit à petit ce sentiment d'émerveillement et de gratitude vis-à-vis de toutes ces petites choses simples qui contribuent déjà à votre bien-être.

Profil 3 : Vous avez la happy attitude

Vous appréciez déjà la personne que vous êtes et la vie que vous avez. Vous avez même déjà conscience que, pour maintenir votre niveau de bonheur actuel, il est nécessaire d'entretenir votre focus positif. Vous allez donc ce mois-ci non seulement renforcer les fondations de votre bien-être, mais en plus y prendre beaucoup de plaisir ! Profitez-en bien !

Le plan pensée positive

Pour activer votre focus positif ce mois-ci, vous devrez :

- **continuer de vous découvrir** : prenez plaisir à observer de nouveau vos pensées, vos émotions et vos habitudes, comme si vous vous redécouvriez pour la première fois ;
- **célébrer vos forces positives** : prenez conscience de votre évolution positive, de ces forces en vous que vous aviez déjà mais aussi des nouvelles qui se sont sans doute développées ;
- **célébrer vos réussites et vos succès** : faites le bilan positif de vos petits et grands succès, des plus anciens aux plus récents, et célébrez-les avec enthousiasme et fierté ;
- **célébrer le positif autour de vous** : émerveillez-vous devant tout ce qui vous entoure, que ce soit dans votre environnement quotidien ou lors de vos explorations du monde, laissez-vous envahir par ce profond sentiment de gratitude pour tout ce que la vie vous offre jour après jour.

Les difficultés que vous pourriez rencontrer…

Même si positiver fait déjà partie de vos habitudes, il est possible que vous limitiez votre propre bonheur par peur du regard des autres. Car oui, il est probable que votre bonheur en laisse d'autres perplexes, ou même qu'il provoque de la jalousie ou de l'irritation. Vous pourriez même ressentir une forme de culpabilité ou un sentiment d'injustice : pourquoi est-ce que j'y arrive moi et pourquoi eux n'y arrivent pas ? En activant encore plus fort votre focus positif, vous réaliserez que vous inspirez et tirez vers le haut beaucoup de personnes. Ça aide à garder confiance !

Mes trackers

Dans votre tableau Trackers du mois (p. 44), notez vos 4 objectifs du mois :

- Plaisir de me redécouvrir (dès la semaine 1)
- Célébration de mes forces positives (à partir de la semaine 2)
- Célébration de mes réussites (à partir de la semaine 3)
- Célébration du positif qui m'entoure (à partir de la semaine 4)

Et faites votre suivi chaque jour !

Comment je m'organise?

Je trouve du soutien

Ce mois-ci ne sera pas forcément le plus simple : vous allez changer votre regard sur le monde et sur vous-même et devoir prendre de nouvelles habitudes pour y parvenir, mais vous aurez aussi des baisses de motivation («Je ne vais jamais tenir le rythme 3 mois!»), des remises en question («Je ne suis pas à la hauteur…») ou des doutes («C'est trop dur pour moi…»), à tout moment de la journée. Il est donc important de vous trouver des alliés : votre moitié ou votre BFF, par exemple. Prévenez cette personne de votre défi personnel de devenir une personne plus positive, et proposez-lui de devenir votre «personne ressource». Vous pourrez lui parler de vos motivations, de vos progrès, mais aussi de vos difficultés et lui demander de l'aide en cas de besoin. Elle devra savoir vous remotiver dans les moments down. Vous pouvez même réaliser ce défi à deux ou à plusieurs, c'est encore mieux pour la motivation!

J'anticipe les coups durs

Pour éviter les pièges qui risqueraient de vous faire abandonner purement et simplement votre projet, prenez le temps d'anticiper au mieux les éventuels obstacles : listez dans le tableau ci-dessous les situations qui pourraient vous mettre en difficulté et prévoyez les solutions qui vous permettront de les surmonter.

Le piège	Les solutions
Vous vivez une situation comme un échec personnel, et vous ne parvenez plus à voir de positif en vous ni dans votre quotidien.	Vous apprenez de votre expérience en listant tout ce qu'elle vous a appris et en ressortez encore plus forte.
Vos pensées négatives refont surface et vous empêchent de prendre conscience du positif qui existe déjà en vous et dans votre quotidien.	Vous les observez sans jugement, respirez profondément et relisez votre Carnet positif pour réactiver rapidement votre focus positif.
Une personne vous fait un reproche, et vous ne voyez soudain plus de positif en vous.	Vous prenez note de sa remarque et vérifiez si vous êtes d'accord ou non avec elle : si oui, vous cherchez un moyen de vous améliorer, si non, vous acceptez que tout le monde n'est pas du même avis.
Le stress de la vie vous rattrape et vous empêche de vous focaliser sur les petits bonheurs.	Vous vous accordez une vraie pause au grand air, d'une heure, d'une journée ou d'une semaine, selon le niveau de stress et vos possibilités.
……………………………… ………………………………	……………………………… ………………………………

Je prévois des temps de slow life

Prévoyez chaque jour du temps pour votre réflexion sur vous-même, pour être à l'écoute de vous-même, lire les conseils personnalisés qui vous sont proposés chaque jour dans ce cahier, y réfléchir et y noter vos bonheurs quotidiens et vos objectifs pour le lendemain. Faites-en votre rituel du soir avant de vous coucher, par exemple. Le caler toujours à la même heure vous assurera d'en faire une habitude. Le top : l'associer à un rituel déjà bien établi, comme par exemple votre café du matin. Ainsi vous serez sûre de ne pas l'oublier, cela ne constituera pas une obligation supplémentaire.
Prévoyez chaque semaine un temps pour faire le bilan positif de votre semaine et pour préparer au mieux la semaine à venir. Notez bien tous ces temps nécessaires de slow life dans votre agenda chaque semaine : voir p. 46 pour l'agenda de la semaine 1, par exemple.

Je me mets à la food positive

Parce que le corps et l'esprit sont étroitement liés, prenez soin de votre alimentation, qui impacte directement votre humeur. Prenez le temps chaque mois de découvrir les conseils personnalisés pour vous afin que votre assiette devienne une nouvelle alliée de votre positive attitude (voir le plan d'action food positive p. 39) et intégrez aussi dans votre agenda un temps de courses food positive : vous devez toujours avoir une alternative saine et appétissante dans votre frigo ou dans vos placards en cas de baisse de moral.

Je fixe des séances de training positif

Planifiez bien aussi chaque semaine vos séances de sport, qui favorisent la sécrétion de sérotonine, la fameuse hormone de la bonne humeur. Réfléchissez dès maintenant à la planification de vos séances de training, vous devez dégager suffisamment de temps pour pouvoir les insérer dans votre agenda (2 ou 3 séances de training par semaine) : voir le plan d'action training positif p. 41.

Je me mets dans les meilleures conditions en dormant bien !

Et bien sûr, pour booster votre vitalité sous tous ses aspects, en plus de prendre soin de votre alimentation et de maintenir un bon rythme d'activité physique, veillez aussi à dormir le mieux possible, car la qualité de vos journées dépend beaucoup de la qualité de vos nuits ! Pour cela, commencez par remplir votre sleep tracker !

Mon sleep tracker

Chaque nuit, durant les 21 jours à venir, observez bien vos habitudes avant de vous coucher, pendant votre nuit et juste après le réveil. En fonction de vos coups de fatigue en journée et le soir (bâillements), de vos réveils ou de vos insomnies, vous verrez progressivement apparaître de façon évidente vos cycles répétitifs de 1 h 30 environ (même pendant le jour, ce cycle se joue en sourdine !). Vous repérerez alors de mieux en mieux vos heures idéales d'endormissement et de réveil matinal, qui seront à peu près vos heures d'endormissement et de réveil spontanés, la première toujours au début d'un cycle, la seconde toujours à la fin d'un cycle. Consignez tous ces signes, ces heures et ces notes dans votre sleep tracker.

	19 H	20 H	21 H	22 H	23 H	00 H	01 H	02 H	03 H	04 H	05 H	06 H	07 H
ex		20h15		22h30	23h15	*	*	*	*	*	5h15	*	WC 07h10
Jour 1													
Jour 2													
Jour 3													
Jour 4													
Jour 5													
Jour 6													
Jour 7													
Jour 8													
Jour 9													
Jour 10													
Jour 11													
Jour 12													
Jour 13													
Jour 14													
Jour 15													
Jour 16													
Jour 17													
Jour 18													
Jour 19													
Jour 20													
Jour 21													

Le mood tracker

Afin de pouvoir ensuite mieux comprendre l'impact de vos temps de sommeil, de l'heure du coucher sur votre forme et votre humeur, ajoutez ces repères :

- votre vitalité au réveil de 0 (très fatiguée) à 10 (en pleine forme) ;
- votre satisfaction de la journée de 0 (journée horrible) à 10 (journée parfaite) ;
- le nombre d'heures de sommeil en rose :

Vous pourrez ainsi voir combien de temps de sommeil vous est nécessaire pour être en pleine forme, efficace et d'humeur positive !

08 H	09 H	10 H	11 H	12 H	13 H	14 H	15 H	16 H	17 H	18 H	Vitalité Réveil /10	Bonheur Journée /10
♪ 8h30	⇧ 09h00											

Légende

Heure du coucher

Heure d'endormissement

Dodo

Réveil spontané du matin

Réveil par la sonnerie du réveil

Heure du lever

Réveil nocturne rapide

Insomnie de plus de 20 minutes

WC
Pipi en pleine nuit

Prise d'un somnifère

Fatigue/coup de barre en journée ou en soirée

Je me motive

Enfin, il est essentiel de booster votre motivation au maximum dès le départ et de prévoir au mieux les moyens de la maintenir à niveau, car elle représente 80 % de la réussite de votre programme ! Vous vous sentez peut-être aujourd'hui plus motivée que jamais, mais, avec le temps, cela risque de diminuer. Réfléchissez dès maintenant aux différentes stratégies à adopter pour faire remonter votre motivation en flèche en cas de besoin.
Par exemple :

- collez chaque lundi un Post-it avec vos objectifs de la semaine sur le miroir de votre salle de bains ;
- répétez chaque matin à voix haute un mantra comme « Je suis quelqu'un de bien », « Je mérite d'être heureuse », « Je sais que je peux y arriver ! »...

Mon plan d'action slow life : objectif slow body et slow self

Vous l'avez compris, pour voir la vie en rose, l'une des premières étapes est de ralentir pour prendre le temps de considérer la valeur de chaque chose, de chaque moment, de chaque personne et de chaque situation. Ce ne sera pas forcément simple, car, dans ce monde marqué par la vitesse et l'efficacité, prendre son temps et se reposer est souvent perçu comme une marque de faiblesse, d'égoïsme ou de fragilité. Pour commencer à ralentir votre rythme de vie en douceur, ce mois-ci, vous allez tester deux premières pratiques de la slow attitude : le slow body et le slow self. Ces deux pratiques permettent respectivement de réduire la vitesse de vos battements de cœur et celle de vos pensées.

Je ralentis mon rythme cardiaque avec le slow body

Pour passer en mode slow body, il vous faut maîtriser l'art de vous connecter à votre souffle, d'être à l'écoute de vos sensations corporelles, de vous relier à vos sens et de ralentir vos gestes. Le simple fait de vous concentrer sur votre respiration et sur vos sensations physiques permet de ralentir déjà naturellement votre rythme cardiaque. Pour cela, accordez-vous de simples pauses de quelques minutes, isolez-vous et concentrez votre attention sur votre respiration, sur l'air qui entre et qui sort et sur les mouvements de votre corps à chaque inspiration et à chaque expiration. Plusieurs autres pratiques peuvent vous aider à ralentir vos battements de cœur : la méditation, la cohérence cardiaque, le yoga, la relaxation, la sophrologie, les massages, les moments cocooning et beauté, etc. Vous pouvez aussi vous accorder des microsiestes durant la journée, de 10 à 20 minutes. Cela peut paraître étonnant, mais le slow body ne fait pas perdre de temps, au contraire ; il a non seulement un effet apaisant immédiat, mais améliore aussi la vivacité intellectuelle ensuite.

Je prends le temps de me connaître avec le slow self

Passer en mode slow self, c'est s'accorder volontairement du temps pour mieux se connaître, réfléchir sur soi… Vous allez durant ce premier mois faire un point sur vous-même, prendre du recul sur votre vie, sur vos pensées, vos émotions et vos habitudes, conscientes ou non. En prenant le temps de vous (re)découvrir, vous mettrez fin aux pensées automatiques que vous ne maîtrisiez plus consciemment, mais qui pourtant influençaient directement vos décisions (« Je ne suis pas douée pour telle chose, je n'ai pas les qualités de telle personne ») et vos comportements (« Quelle mauvaise journée… Qu'est-ce que je pourrais grignoter pour compenser ? »). En adoptant le focus positif durant ces moment d'introspection, vous chassez automatiquement vos idées noires et les remplacez par des prises de conscience agréables sur vous-même, sur vos besoins et vos priorités. Que ce soit grâce aux conseils qui vous sont proposés chaque jour dans ce cahier, lors de stages de développement personnel ou de rendez-vous thérapeutiques ou de coaching, le slow self vous permet de prendre le temps d'être profondément à l'écoute de vous-même.

Mes trackers

Dans votre tableau Trackers du mois (p. 44), notez vos 2 objectifs du mois :

- Respiration et/ou méditation et/ou relaxation
- Temps d'écoute de soi et de développement personnel

Et faites votre suivi chaque jour !

Plan d'action food positive : je me mets à la happy food !

De nombreuses études ont maintenant prouvé que ce vous mangez a une influence directe sur votre énergie, mais agit aussi sur votre cerveau et sur votre humeur. N'avez-vous jamais mangé un en-cas rien que pour vous remonter le moral ? Évidement que oui ! Mais avez-vous opté pour les bons aliments, pour vous sentir mieux dans l'instant, mais aussi pour contribuer à votre bonne humeur sur du long terme ? Là c'est autre chose !

D'abord, je mange équilibré

Une alimentation équilibrée repose déjà sur une bonne répartition chaque jour entre les lipides (30 %), les protéines (15 %) et les glucides (55 %). Concrètement, vous pouvez vous repérer en organisant chaque repas dans votre assiette ainsi :

- ½ de légumes et de fruits (de préférences bio, locaux et de saison) ;
- ¼ de protéines animales (viande, poisson, œufs, produits laitiers) ou végétales (légumineuses, yaourts végétaux...) ;
- ¼ de céréales (pain, pâtes, riz, semoule... de préférence à base de céréales complètes).

Ensuite, en fonction des saisons, vous pourrez choisir pour remplir cette assiette les aliments les plus adaptés à vos besoins. Ce mois-ci, on se met à la happy food !

Ces aliments qui rendent heureux

De nombreuses études scientifiques ont donc démontré que certains aliments sont naturellement capables de booster votre joie de vivre et de chasser instantanément vos idées noires, sans avoir d'effets secondaires indésirables pour votre santé et sans former de petits bourrelets. Eh oui ! Si les gâteaux, les confiseries et autres sucreries semblent vous faire du bien sur le moment, en revanche, leurs effets addictifs et néfastes sur votre corps n'en font pas vos meilleurs alliés pour booster votre positive attitude ! Parmi les bons aliments qui peuvent vous rendre heureuse à court, à moyen et à long terme, voici quelques suggestions selon la saison.

En hiver

Pour compenser la faible luminosité et le manque de vitamine D qui l'accompagne, consommez régulièrement des aliments riches en omega-3, qui agissent sur la plasticité des membranes de vos neurones et favorisent la bonne diffusion de vos hormones du bien-être. Vous en trouverez dans les poissons gras (sardine, saumon, maquereau, thon, hareng...), le chocolat noir composé d'au moins 70 % de cacao, les jaunes d'œuf, les noix, amandes ou noisettes et l'huile de foie de morue.

Au printemps

Afin de mieux digérer, il est préférable de manger plus léger, donc favorisez davantage les fruits et légumes de saison, contenant des acides aminés comme la tyrosine ou la phénylalanine, précurseurs de la dopamine et de la noradrénaline, des neurotransmetteurs incontournables de l'énergie et de la motivation. Vous en trouverez dans les asperges, les épinards, le chou, les pêches, les bananes, les abricots, les avocats, mais aussi dans les lentilles, les pois, les graines de sésame, les graines de courge et les noix.

En été

Constituez vos réserves en consommant particulièrement des aliments riches en tryptophane, un acide aminé précurseur de la sérotonine. Vous en trouverez dans le riz complet, le chocolat noir au pourcentage le plus élevé en cacao, les bananes, les brocolis, les poivrons, le soja, les haricots, les lentilles, les amandes, les noix de cajou et la levure de bière.

Pensez à bien prévoir vos courses happy food dans votre agenda chaque semaine !

En automne

Pour éviter la dépression automnale, privilégiez les aliments contenant des vitamines du groupe B ; il a en effet été démontré qu'une carence en vitamine B favorise un état dépressif. Vous trouverez de la vitamine B6 dans les légumes verts frais, les bananes, les œufs, mais aussi dans le paprika, la sauge, la menthe verte, l'estragon, le piment de Cayenne, le curcuma. Les légumes verts à feuille (épinards, cresson) sont la principale source de vitamine B9, mais on en trouve aussi dans les citrons, oranges et pamplemousses, dans les noix, châtaignes et noisettes, les brocolis, la laitue et les céréales complètes. Quant à la vitamine B12, vous la trouverez particulièrement dans les abats, les crustacés et mollusques, mais aussi dans le camembert, l'emmental, les poissons gras (truite, thon, sardine, maquereau) et un peu dans les œufs.

Mes trackers

Dans votre tableau Trackers du mois (p. 44), notez votre objectif du mois :

- Happy food

Et faites votre suivi chaque jour !

Plan d'action training positif : je teste les sports zen

Il n'est plus à prouver de nos jours que le sport est bon pour la santé. Mais ce mois-ci, l'objectif étant de développer votre pleine conscience et votre focus positif, prenez donc le temps de pratiquer des sports doux qui nourrissent autant votre corps que votre esprit. Exit les entraînements de warrior, vous allez vous concentrer sur votre corps pour vous sentir mieux dans votre tête. Et voici quelques séances de training positif et zen qui vont vous faire le plus grand bien sur le moment tout en favorisant votre bien-être sur le long terme !

Le Pilates

La méthode Pilates est une méthode de gym douce, qui renforce vos muscles profonds et décontracte vos muscles tendus, en tenant particulièrement compte de votre respiration et de l'alignement de votre colonne vertébrale. Le Pilates vise à assouplir et muscler le corps en douceur, par des exercices simples, parfois à l'aide d'élastiques ou de ballons. S'il vous détend et vous vide instantanément l'esprit sur le moment, vous vous rendrez vite compte le lendemain qu'il travaille pourtant bien le corps !

Le yoga

Il existe de nombreuses formes de yoga, mais toutes reposent sur des postures synchronisées avec la respiration, avec votre coordination, votre concentration, votre équilibre et le renforcement de vos muscles profonds. Plus qu'une pratique sportive, le yoga est un moment privilégié pour votre détente, qui apaise l'esprit et réduit le stress. En vous concentrant sur votre respiration et vos postures d'équilibre, cela vous oblige à vous focaliser sur le présent et donc à prendre du recul et à lâcher prise sur vos tracas du quotidien.

Le stretching

Ce n'est pas par hasard que les chats s'étirent régulièrement du matin au soir. Ils ont compris tous les bienfaits que leur apportent les étirements : le stretching permet non seulement d'étirer tous les muscles de votre corps un par un, mais aussi de délier vos articulations. Les postures lentes qui s'enchaînent lors d'une séance de stretching favorisent votre souplesse, votre maintien et votre posture, mais aussi votre détente et votre bien-être à court, à moyen et à long terme.

L'aquafitness

Sortez de votre tête l'image de la mamie au bonnet de bain qui barbote dans l'eau, l'aquafitness est tendance ! Rythmée par des musiques qui bougent, c'est le sport doux le plus complet qui fera travailler tous vos groupes musculaires en douceur. Sans compter que le milieu aquatique est en lui-même source de relaxation et de bien-être ! Rien que vous sentir portée par l'eau offre une sensation de légèreté qui allège autant votre corps que votre humeur.

Les petits conseils pour vos séances

Évitez de manger ou de trop boire juste avant votre training, cela risquerait de créer un inconfort digestif. En revanche, hydratez-vous bien pendant vos séances !

Nombre de séances :
2 ou 3 par semaine
Durée : 20 minutes par séance

Mes trackers

Dans votre tableau Trackers du mois (p. 44), notez votre objectif du mois :

- Yoga/Pilates/stretching/aquafitness

Et faites votre suivi chaque jour !

Mon tracker mois 1 : je saisis les petits bonheurs

En premier lieu, notez dans ce tableau vos objectifs perso déterminés par votre plan d'action pensée positive (p. 31), vos objectifs slow life (p. 38), vos objectifs de food positive (p. 39) et enfin ceux de training positif (p. 41). Puis remplissez chaque jour la case selon la légende. Vous pouvez ainsi faire votre suivi tout au long du mois pour savoir si vous avez bien tenu vos bonnes résolutions positives : c'est motivant de voir tous les trackers coloriés et ça fait une piqûre de rappel quand peu de trackers le sont.

	1	2	3	4	5	6	7	8	9	10	11	12

Objectif atteint !

Objectif presque atteint

Objectif non atteint

13	14	15	16	17	18	19	20	21	22	23	24	25	26	27	28	29	30	31

Semaine 1

MON AGENDA FEEL GOOD

Pour booster votre positive attitude, il est important de vous organiser pour que chaque jour vous apporte des temps qui vous font du bien et vous offrent de vrais moments de bonheur. Pour vous en assurer, l'une des meilleures façons est de les planifier à l'avance ! Autre avantage de planifier vos séances de bien-être, c'est que l'attente de chacun de ces moments vous réjouit d'avance et contribue déjà à vous procurer du bonheur.

Notez donc dans votre agenda tout ce qui vous aidera à vous organiser :

- vos séances de training positif
- vos courses happy food
- vos séances de bien-être slow body
- vos temps slow self consacrés à lire ce cahier
- vos rendez-vous qui contribuent à votre mood positif !

Anticipez ! Plus de place pour les pensées négatives, le pessimisme et la procrastination. Vous ne zapperez pas vos séances feel good !

LUN	....	....h.... : ....h.... : ....h.... :	....h.... : ....h.... : ....h.... : ....
MA	....	....h.... : ....h.... : ....h.... :	....h.... : ....h.... : ....h.... : ....
MER	....	....h.... : ....h.... : ....h.... :	....h.... : ....h.... : ....h.... : ....
JEU	....	....h.... : ....h.... : ....h.... :	....h.... : ....h.... : ....h.... : ....
VEN	....	....h.... : ....h.... : ....h.... :	....h.... : ....h.... : ....h.... : ....
SA	....	....h.... : ....h.... : ....h.... :	....h.... : ....h.... : ....h.... : ....
DIM	....	....h.... : ....h.... : ....h.... :	....h.... : ....h.... : ....h.... : ....

MON INTENTION POSITIVE DE LA SEMAINE

Votre réussite dépend de votre état d'esprit. Ce n'est pas le tout de savoir comment faire pour cultiver sa positive attitude, il est indispensable de développer l'état d'esprit qui va avec. Pour cela, chaque semaine, demandez-vous dans quelle énergie vous voulez vous sentir et posez l'intention d'être et de rester dans ce mood tout au long de la semaine. Alors, dans quel mood positif voulez-vous particulièrement vous sentir cette semaine ? Entourez ce qui correspond le mieux à votre intention positive personnelle pour la semaine :

Cette semaine je vais me sentir

INSPIRANTE
Efficace
AUTHENTIQUE
OPTIMISTE
Confiante
PASSIONNÉE
Calme
DÉTENDUE
PRÉSENTE
Fière
Sereine
ÉMERVEILLÉE
ENTHOUSIASTE
INSPIRÉE
PAISIBLE
Déterminée
Disponible
CRÉATIVE
COURAGEUSE
PLEINE D'AMOUR
CURIEUSE
ALIGNÉE
Rayonnante
EXCITÉE
Reconnaissante
ADMIRATIVE
ORGANISÉE
AUDACIEUSE
TRANQUILLE
LIBRE
Joyeuse
COMPLICE
PLEINE D'ESPOIR
GÉNÉREUSE
AMUSANTE
Dynamique
AUTRE : ....

LUNDI

FEEL GOOD

Mon humeur du jour

Évaluer chaque matin votre humeur est un excellent moyen de contrôler les fluctuations de vos émotions selon les événements, vos activités, la période de vos règles ou les jours de la semaine. Vous pourrez repérer et noter p. 211 ce qui contribue à votre mood positif pour vous rebooster si besoin.

DÉFI POSITIF

Mes habitudes au réveil

La façon dont vous vous réveillez donne le ton pour la journée. L'idée de routine matinale du jour : douche, séance d'étirement, de yoga ou d'abdos, jus de citron, lecture, méditation… ou 30 petits sauts sur place, le top pour votre circulation, ça réveille en 30 secondes chrono !

MOTIVATION

Go ! Je m'engage !

Prendre des engagements permet d'agir en cohérence avec soi-même. En décidant de suivre jusqu'au bout ce programme, vous augmentez vos chances de réussite. Afin de renforcer votre motivation, écrivez dans les notes du jour « Remplir ce cahier chaque soir me remplit de joie et d'espoir ».

POSITIVE MINDSET

3 mots pour me décrire

Apprendre à se connaître conduit à une bonne estime et à une meilleure maîtrise de soi. Pour commencer, trouvez 3 mots qui vous décrivent au mieux. Et si vous osez, demandez à vos proches 3 mots qui vous décrivent bien selon eux. Cela vous rappellera vos belles qualités et ça fait du bien !

MES TRACKERS

Pleine conscience											☺
Focus positif											☺
Slow self											☺
Slow body											☺
Happy food											☺
Training zen											☺

NOTES

-
-
-
-
-
-
-

Mes 3 bonheurs du jour

1. ……………………………………
2. ……………………………………
3. ……………………………………

Mes 3 objectifs positifs pour demain

1. ……………………………………
2. ……………………………………
3. ……………………………………

MARDI

DÉFI POSITIF

Face au miroir

Plusieurs fois par jour, vous faites face à votre reflet dans le miroir. Selon votre humeur, vous ne portez pas le même regard sur vous-même. Désormais, prenez l'habitude de sourire avant de vous placer face au miroir, vous pourriez vous trouver belle !

MOTIVATION

Oups ! Je ne suis pas sûre de moi

Vous doutez encore peut-être de vous-même, et à ce stade c'est bien normal. Le monde ne s'est pas fait un jour. Acceptez ces petits moments de doute, et réjouissez-vous à l'avance de ce que vous ressentirez quand vous serez passée au niveau supérieur ! Courage !

FEEL GOOD

Ma tenue du jour

Nos vêtements (style, coupe, couleur…) nous aident à nous sentir mieux. Prenez le temps de choisir la tenue qui vous met dans le meilleur mood. Besoin d'énergie ? Optez pour les couleurs chaudes (orange, jaune ou rouge). Besoin d'être concentrée et efficace ? Préférez les couleurs froides (bleu, violet ou vert) !

POSITIVE MINDSET

J'ai de la chance

Inutile d'être un gagnant du Loto, les chanceux sont juste des personnes qui croient qu'ils ont de la chance. Observez tout ce qui vous entoure, identifiez tous les bons moments de votre journée et prenez conscience de tout ce pour quoi vous avez de la chance. Et la chance vous sourira encore plus !

NOTES

-
-
-
-
-
-
-

MES TRACKERS

Pleine conscience

Focus positif

Slow self

Slow body

Happy food

Training zen

Mes 3 bonheurs du jour

1. ....
2. ....
3. ....

Mes 3 objectifs positifs pour demain

1. ....
2. ....
3. ....

MERCREDI

MOTIVATION

Aïe ! Je ne vais pas avoir le temps

Vous aviez jusqu'ici un planning déjà bien rempli, et vous n'avez pas le temps d'y intégrer toutes ces nouvelles habitudes ? Commencez déjà par remplacer la phrase « Je n'ai pas eu le temps » par « Je n'ai pas pris le temps ». Tout est question de priorité ! Quand vous ressentirez les bienfaits de ces rituels positifs, vous trouverez le temps pour eux.

FEEL GOOD

La musique est positive !

La musique influence aussi notre humeur. Soyez à l'écoute de vos émotions et, selon la situation, choisissez la musique qui vous apportera ce dont vous avez besoin. Un petit coup de mou ? Une musique dynamisante ! Besoin de ralentir ? Une musique apaisante ! Besoin de vous défouler ? Une musique bourrine qui bouge !

POSITIVE MINDSET

Mon charme

Le charme est indéfinissable, pourtant son effet est réel, c'est magique ! Votre meilleur atout charme, c'est d'être vous-même, cela vous rendra plus ouverte, sociable, extravertie, solaire… Le centre de l'attention !

DÉFI POSITIF

Je me crème de la tête aux pieds

Offrez-vous régulièrement une séance feel good de crémage de la tête aux pieds en pleine conscience, prenez votre temps et appréciez le moment. Prendre soin de soi contribue à construire une vision positive de soi !

MES TRACKERS

Pleine conscience									☺
Focus positif									☺
Slow self									☺
Slow body									☺
Happy food									☺
Training zen									☺

NOTES

-
-
-
-
-
-
-

Mes 3 bonheurs du jour

1. ....
2. ....
3. ....

Mes 3 objectifs positifs pour demain

1. ....
2. ....
3. ....

JEUDI

FEEL GOOD

Mon best livre ever

Nous avons tous un livre qui nous a particulièrement marqué. Que dit-il de vous ? Que vous avez besoin de plein d'émotions (roman d'amour), que vous avez besoin de rêver (livres d'aventures, de science-fiction), que vous êtes une guerrière aux livres de dépassement de soi ?

DÉFI POSITIF

Le yoga nidra

Allongez-vous dans une pièce calme. Fermez les yeux et restez immobile au moins 10 minutes. À chaque respiration, portez votre attention sur une nouvelle partie de votre corps à relâcher, en partant de vos orteils et en remontant jusqu'au sommet de votre crâne.

POSITIVE MINDSET

Mon meilleur souvenir

Installez-vous confortablement, respirez profondément et fermez les yeux. Puis repensez à l'un des meilleurs souvenirs de votre vie. Visualisez ce moment comme si vous y étiez, et laissez-vous envahir par les émotions. Prenez une grande respiration, rouvrez les yeux et appréciez encore quelques instants. De quoi illuminer votre passé et booster votre positive attitude !

MOTIVATION

Ça fait du bien !

Vous commencez déjà à ressentir les bienfaits de ce programme ? Prenez donc le temps d'observer les pensées, les émotions et les sensations que ces nouvelles habitudes provoquent en vous : sérénité, joie, motivation ? Prenez le temps d'en apprécier les bénéfices sur votre moral, votre énergie et votre humeur.

NOTES

-
-
-
-
-
-
-

MES TRACKERS

Pleine conscience

Focus positif

Slow self

Slow body

Happy food

Training zen

Mes 3 bonheurs du jour

1. ...
2. ...
3. ...

Mes 3 objectifs positifs pour demain

1. ...
2. ...
3. ...

VENDREDI

DÉFI POSITIF

Manger en pleine conscience

Lors de votre prochain repas, prenez le temps d'écouter vos sensations. Sentez chaque aliment pour vous donner faim. Savourez chaque bouchée en pleine conscience et profitez de chaque odeur, de chaque goût, de chaque saveur. Et en fin de repas, prenez le temps d'apprécier vos sensations de satiété.

POSITIVE MINDSET

Kifs de ma vie actuelle

Offrez-vous un instant slow self pour faire le point sur tout ce que vous aimez déjà dans votre vie et que vous ne voulez absolument pas changer. Aidez-vous du diagramme de suivi de votre pensée positive (p. 18) pour lister les points forts dans chacun de vos 9 domaines de vie.

FEEL GOOD

Mes gratitudes du jour

Prenez le temps ce soir de lister vos gratitudes du jour. Notez tout ce pour quoi vous vous sentez reconnaissante : une parole agréable, un coup de main d'un ami, une invitation, un appel, mais aussi le soleil qui a brillé toute la journée ou votre chat qui est tellement chou !

MOTIVATION

SOS ! Des idées noires reviennent

Il vous arrive encore parfois de ruminer quelques pensées négatives ? C'est normal. Respirez un grand coup, buvez un verre d'eau, faites quelques sauts sur place et concentrez-vous sur une nouvelle source d'attention agréable comme cuisiner ou vous occuper de vos petites plantes. Ces passages se feront de plus en plus rares !

♡ MES TRACKERS ♡

Pleine conscience									☺
Focus positif									☺
Slow self									☺
Slow body									☺
Happy food									☺
Training zen									☺

NOTES

- ....
- ....
- ....
- ....
- ....
- ....
- ....

Mes 3 bonheurs du jour

1. ....
2. ....
3. ....

Mes 3 objectifs positifs pour demain

1. ....
2. ....
3. ....

SAMEDI

FEEL GOOD

Mon best film ever

Les films font vivre de grandes émotions ! Quel est celui qui vous procure le plus d'émotions… positives ? Celui qui vous amuse, vous enthousiasme, vous motive, vous attendrit ou vous émerveille le plus ? Prenez donc le temps de le revoir aujourd'hui !

DÉFI POSITIF

Mes habitudes au coucher

Une bonne nuit de sommeil commence par un coucher calme, agréable et à heures régulières. Évitez de boire et de manger dans les 2 heures qui précèdent et, dès que la fatigue se fait sentir, installez-vous dans votre lit, sans écran et sans bruit. Au mieux, écoutez une méditation (ou testez l'ASMR, une technique de détente consistant à écouter des pistes audio composées de chuchotis, de petits bruits…).

MOTIVATION

Bravo ! Chaque petit succès compte

Vous avez sans doute remarqué quelques petits changements dans vos comportements. Vous commencez à changer doucement. Prenez donc le temps d'apprécier votre évolution et ce que cela vous apporte : confiance, sérénité, courage ?

POSITIVE MINDSET

Mes projets d'avenir

Vous avez sans doute déjà quelques projets en tête, pro ou perso, petits ou grands. Les personnes les plus épanouies au monde ont toujours plusieurs projets en tête, car oui, c'est motivant ! Faites la liste de tous vos projets, qui sait, cela pourrait même vous donner envie d'en réaliser un bientôt.

NOTES

- ______________________
- ______________________
- ______________________
- ______________________
- ______________________
- ______________________
- ______________________

MES TRACKERS

Pleine conscience									☺
Focus positif									☺
Slow self									☺
Slow body									☺
Happy food									☺
Training zen									☺

Mes 3 bonheurs du jour

1. ....
2. ....
3. ....

Mes 3 objectifs positifs pour demain

1. ....
2. ....
3. ....

DIMANCHE

POSITIVE MINDSET

« Je m'aime et je m'accepte telle que je suis »

Répéter régulièrement une affirmation positive peut, sur le principe de l'autosuggestion, vous aider à garder le cap. Lisez celle du jour : « Je m'aime et je m'accepte telle que je suis », réécrivez-la dans vos notes en bas de page, dans votre Carnet positif, sur un Post-it à coller sur votre frigo, au bureau, partout !

FEEL GOOD

Mon objet porte-bonheur

Si un objet en particulier semble vous attirer la chance ou le bonheur, c'est qu'il contribue quoi qu'il arrive à votre bonne humeur ! Il est temps de lui rendre honneur en le remettant en valeur ! Portez-le plus souvent en posant une intention à chaque fois. Et remerciez-le après chaque usage.

MOTIVATION

Je me remercie pour ce cadeau

Vous êtes ravie de vous être lancée dans cette belle aventure et prenez conscience progressivement de tout ce que cela va améliorer dans votre vie. C'est un merveilleux cadeau que vous vous êtes offert, alors prenez quelques instants pour vous en remercier profondément !

DÉFI POSITIF

Le sleep tracker

Pour vous garantir un endormissement facile, un sommeil efficace et un réveil en pleine forme, suivez votre rythme de sommeil durant 21 jours avec le sleep tracker p. 36 et découvrez quelles sont vos heures idéales de coucher et de lever, afin de toujours être en forme, de bonne humeur et positive !

MES TRACKERS

Pleine conscience									☺
Focus positif									☺
Slow self									☺
Slow body									☺
Happy food									☺
Training zen									☺

NOTES

-
-
-
-
-
-
-

Mes 3 bonheurs du jour

1. ....
2. ....
3. ....

Mes 3 objectifs positifs pour demain

1. ....
2. ....
3. ....

Mon bilan semaine 1

Mes belles réussites	Mes axes de progression	Niveau bien-être, comment je me suis sentie ?
....	....	....
....	....	....
....	....	....
....	....	....
....	....	....
....	....	....

Satisfaction de mon niveau de slow life : PEUT MIEUX FAIRE ! ◎ ◎ ◎ ◎ ◎ ◎ ◎ ◎ ◎ ◎ AU TOP !

Satisfaction de mon niveau de food positive : PEUT MIEUX FAIRE ! AU TOP !

Satisfaction de mon niveau de training positif : PEUT MIEUX FAIRE ! AU TOP !

Comment j'ai géré ma pensée positive cette semaine ? PEUT MIEUX FAIRE ! ☆ ☆ ☆ ☆ ☆ ☆ ☆ ☆ ☆ ☆ AU TOP !

Ce qui m'a aidée...	Ce qui m'a freinée...	Ce que je peux faire la semaine prochaine pour progresser...
....	....	....
....	....	....
....	....	....
....	....	....
....	....	....
....	....	....

Bravo à vous ! La première semaine est derrière vous et vous êtes au top de votre motivation ! Noter vos bonheurs chaque jour et poser vos objectifs positifs pour le lendemain commence à faire son petit effet : vous prenez déjà plus conscience de ce qui vous fait du bien et commencez à vous poser des questions sur vos moyens de booster votre positive attitude. Vous avez peut-être déjà eu de belles surprises, ainsi que des prises de conscience inattendues, et c'est très bien ! Restez focus sur le positif et tout ira bien !

Semaine 2

MON AGENDA FEEL GOOD

Pensez à bien noter dans votre agenda tout ce qui vous aidera à mieux vous organiser cette semaine :

- vos séances de training zen
- vos courses food positive
- vos séances de bien-être slow body
- vos temps slow self consacrés à lire ce cahier
- vos rendez-vous qui contribuent à votre mood positif

LUN	....	....h.... :	....h.... : ....
		....h.... :	....h.... : ....
		....h.... :	....h.... : ....
MA	....	....h.... :	....h.... : ....
		....h.... :	....h.... : ....
		....h.... :	....h.... : ....
MER	....	....h.... :	....h.... : ....
		....h.... :	....h.... : ....
		....h.... :	....h.... : ....
JEU	....	....h.... :	....h.... : ....
		....h.... :	....h.... : ....
		....h.... :	....h.... : ....
VEN	....	....h.... :	....h.... : ....
		....h.... :	....h.... : ....
		....h.... :	....h.... : ....
SA	....	....h.... :	....h.... : ....
		....h.... :	....h.... : ....
		....h.... :	....h.... : ....
DIM	....	....h.... :	....h.... : ....
		....h.... :	....h.... : ....
		....h.... :	....h.... : ....

MON INTENTION POSITIVE DE LA SEMAINE

Alors, dans quel mood positif voulez-vous particulièrement vous sentir cette semaine ? Entourez ce qui correspond le mieux à votre intention positive personnelle pour la semaine :

Cette semaine je vais me sentir

INSPIRANTE
Efficace
AUTHENTIQUE
Confiante
OPTIMISTE
PASSIONNÉE
Calme
DÉTENDUE
PRÉSENTE
Fière
Sereine
ÉMERVEILLÉE
ENTHOUSIASTE
INSPIRÉE
PAISIBLE
Déterminée
Disponible
CRÉATIVE
COURAGEUSE
PLEINE D'AMOUR
CURIEUSE
ALIGNÉE
Rayonnante
EXCITÉE
Reconnaissante
ADMIRATIVE
ORGANISÉE
AUDACIEUSE
TRANQUILLE
LIBRE
Joyeuse
COMPLICE
PLEINE D'ESPOIR
GÉNÉREUSE
AMUSANTE
Dynamique
AUTRE : ....

LUNDI

MOTIVATION

Go ! Je fais de mon mieux

Vous aimeriez vraiment suivre ce programme à la lettre, mais ce n'est pas facile de vous organiser. Rappelez-vous : « Faites toujours de votre mieux », accordez-vous au moins 10 minutes par jour pour avancer un peu chaque jour, lentement mais sûrement, et sans culpabiliser !

POSITIVE MINDSET

Les quatre accords toltèques

Voici 4 mantras à vous rappeler en toutes circonstances : « Que ma parole soit impeccable », « Je n'en fais pas une affaire personnelle », « Je ne fais aucune supposition » et « Je fais de mon mieux ». Si l'une d'entre elles accélère vos battements de cœur, c'est que cette affirmation vous parle !

DÉFI POSITIF

Une action de générosité

Donner, partager, aider : vos bonnes actions contribuent au bonheur d'autrui, mais aussi au vôtre. Réalisez une action de générosité aujourd'hui : aidez quelqu'un à porter sa valise à la gare, gardez les enfants d'une amie pour qu'elle puisse sortir, par exemple.

FEEL GOOD

Ce qui me fait rire

10 à 15 minutes de rire par jour permettent de se maintenir en bonne santé, et 1 minute de fou rire équivaut à 45 minutes de relaxation ! Qu'est-ce qui vous fait le plus rire ? Un spectacle de Nawel Madani, le film *Babysitting*, un zapping sur YouTube ? Faites-en sorte de rire au moins une fois par jour !

MES TRACKERS

Pleine conscience										☺
Focus positif										☺
Slow self										☺
Slow body										☺
Happy food										☺
Training zen										☺

NOTES

-
-
-
-
-
-
-

Mes 3 bonheurs du jour

1. ....
2. ....
3. ....

Mes 3 objectifs positifs pour demain

1. ....
2. ....
3. ....

MARDI

DÉFI POSITIF

Dessiner à l'envers !

Choisissez une photo ou une image qui vous donne le sourire et redessinez-la (dans les grandes lignes si vous n'êtes pas une grande artiste) à l'envers (la tête en bas) : un excellent moyen de court-circuiter votre cerveau gauche et de libérer votre créativité !

FEEL GOOD

Mes instants de sérénité

De nombreuses pratiques permettent de se calmer, de se détendre et de se sentir sereine ; mais quelles sont celles qui sont le plus efficaces pour vous ? Un bon bain chaud, une relaxation, une infusion, une chanson, une méditation, une séance de yoga ? Faites la liste de vos gestes cocooning SOS.

POSITIVE MINDSET

Mes 3 bonheurs du jour

Vous avez commencé à noter chaque soir 3 de vos meilleurs moments de la journée. Pour aller plus loin, prenez votre Carnet positif et notez également en quoi vous avez contribué à ces bonheurs. Par exemple, cette discussion passionnante avec votre amie a été possible car vous avez pris le temps de l'appeler.

MOTIVATION

Oups ! Je me suis énervée

Vous voulez vraiment penser positivement, mais parfois vous ne pouvez pas vous empêcher de vous énerver pour des petits détails. Calmez-vous, respirez et observez avec du recul votre réaction. Demandez-vous comment vous auriez pu mieux réagir et pensez-y la prochaine fois !

NOTES

-
-
-
-
-
-
-

MES TRACKERS

Pleine conscience										☺
Focus positif										☺
Slow self										☺
Slow body										☺
Happy food										☺
Training zen										☺

Mes 3 bonheurs du jour

1. ....
2. ....
3. ....

Mes 3 objectifs positifs pour demain

1. ....
2. ....
3. ....

MERCREDI

MOTIVATION

Aïe ! Une critique

Vous commencez à peine à accepter vos forces et qualités qu'une critique vient tout vous faire oublier ! Respirez, écoutez cette critique et demandez-vous si elle correspond à la réalité. Si oui, voilà une belle occasion de vous améliorer ! Si non, lâchez prise et concentrez-vous sur autre chose de plus constructif !

DÉFI POSITIF

Mes bonnes habitudes alimentaires

Vous avez certainement de bonnes habitudes en mode happy food, des aliments ou des plats qui, vous l'avez remarqué, font du bien à votre ventre, vous donnent de l'énergie et du bien-être : par exemple une salade, un buddha bowl, des graines germées… Repérez ces bonnes habitudes pour les renforcer !

POSITIVE MINDSET

TOP 5 de mes qualités

Un test en ligne gratuit vous permet d'identifier vos 5 principales forces de caractère. Inscrivez-vous sur le site www.viame.org, sélectionnez la langue française, répondez sincèrement aux 120 questions et obtenez le classement de vos qualités en quelques minutes !

FEEL GOOD

Mes sources d'amour

Il existe plusieurs formes d'amour… Quelles sont vos principales sources d'amour en ce moment ? Votre conjoint, vos enfants, vos ami·e·s, un ou des membres de votre famille, votre chat, la nature… ? Ouvrez votre cœur à l'amour et puisez-le de toute part !

MES TRACKERS

Pleine conscience									☺
Focus positif									☺
Slow self									☺
Slow body									☺
Happy food									☺
Training zen									☺

NOTES

-
-
-
-
-
-
-

Mes 3 bonheurs du jour

1. ……………………………
2. ……………………………
3. ……………………………

Mes 3 objectifs positifs pour demain

1. ……………………………
2. ……………………………
3. ……………………………

JEUDI

FEEL GOOD

La posture du héros

Pour ressentir instantanément de la confiance et apprécier cette force qui vit déjà en vous, écartez légèrement les pieds, bien ancrés au sol, redressez les épaules et la tête, regardez droit devant vous au loin et posez les mains sur vos hanches comme un super-héros.

MOTIVATION

Un petit pas de plus !

Vous testez chaque jour des petites astuces pour porter un regard plus positif sur vous-même et, là, vous sentez que vous avez eu un déclic : un petit pas de plus vers une meilleure version de vous-même. Et vous adorez ça ! Offrez-vous donc une petite récompense pour l'occasion.

DÉFI POSITIF

La respiration carrée

Pour retrouver le calme et la positive attitude en quelques minutes, respirez par le nez en gonflant naturellement votre ventre à chaque inspiration. Inspirez sur 2 temps, suspendez votre souffle, poumons pleins, sur 2 temps, expirez sur 2 temps, suspendez votre souffle, poumons vides, sur 2 temps. Répétez 8 à 10 fois.

POSITIVE MINDSET

Mes talents et aptitudes

Tel un bilan de compétences, prenez le temps de lister tout ce dont vous êtes capable, mais pas que professionnellement. Trouvez au moins l'une de vos capacités spécifiques dans chacun de vos domaines de vie. Par exemple : bonne écoute (vie sociale), cuisiner (plaisirs personnels) ou gérer une équipe (travail)…

NOTES

-
-
-
-
-
-
-

MES TRACKERS

Pleine conscience									☺
Focus positif									☺
Slow self									☺
Slow body									☺
Happy food									☺
Training zen									☺

Mes 3 bonheurs du jour

1. ....
2. ....
3. ....

Mes 3 objectifs positifs pour demain

1. ....
2. ....
3. ....

VENDREDI

FEEL GOOD

Mes moments tout doux

Chaque moment de tendresse libère de l'ocytocine, l'hormone de l'attachement, qui fait un bien fou et renforce votre lien avec les autres. Un câlin, un bisou, une caresse, vous nicher dans les bras de l'autre… Faites la liste de tous les moments doux que vous aimez le plus !

MOTIVATION

SOS ! Autosabotage

Alors que vous sentiez le positif s'installer en vous, voilà que vous vous laissez entraîner à vous plaindre ? Après avoir fait un pas en avant, vous avez l'impression d'en faire 3 en arrière ? Ça arrive à tout le monde. Mais plus vous développerez votre positive attitude, plus ces autosabotages se feront rares !

DÉFI POSITIF

Un smoothie de saison

Les smoothies vitaminés font positiver ! Les bons mix : smoothie banane-fraise en été, prune-raisin en automne, pomme-kiwi en hiver et poire-pamplemousse au printemps ! Rendez-les plus onctueux avec un peu de lait végétal et optez pour des fruits de saison frais, locaux et bio !

POSITIVE MINDSET

Mes croyances positives

« Quand on veut on peut », « Le meilleur reste à venir », « Il y a du bon en chacun », « L'échec n'existe pas », « Mon bonheur ne dépend que de moi »… Identifiez 3 phrases comme celles-ci auxquelles vous croyez profondément et notez-les comme des repères qui vous guident chaque jour.

MES TRACKERS

Pleine conscience									☺
Focus positif									☺
Slow self									☺
Slow body									☺
Happy food									☺
Training zen									☺

NOTES

-
-
-
-
-
-
-

Mes 3 bonheurs du jour

1. ....
2. ....
3. ....

Mes 3 objectifs positifs pour demain

1. ....
2. ....
3. ....

SAMEDI

DÉFI POSITIF

Les petits sauts de ressourcement

Il est important de connaître quelques moyens efficaces pour vous ressourcer en cas de fatigue ou de baisse de moral. Par exemple : faites 30 petits sauts sur place, puis écartez les pieds, fermez les yeux et observez les sensations. Vous voilà redynamisée pour quelques heures !

MOTIVATION

Bravo ! J'ai été efficace

Vous ne savez pas trop pourquoi ni d'où ça vient, mais vous vous êtes sentie particulièrement efficace ces derniers temps au travail, dans votre gestion du temps et des priorités ou dans votre rôle de BFF… Félicitations ! Savourez juste ces premiers bénéfices de votre nouvelle vie positive !

FEEL GOOD

Ma liste de magie

Créez votre checklist des choses magiques. Notez-y tout ce que vous trouvez magnifique, magique ou merveilleux… Vous pourrez compléter cette liste à chaque fois que vous vous émerveillerez devant une plante, un paysage…

POSITIVE MINDSET

Une citation positive

De nombreuses citations positives circulent régulièrement sur Internet. Activez votre focus positif pour identifier chaque jour une citation qui vous touche et notez-la dans votre Carnet positif en précisant en quoi elle vous parle. Celle du jour : « Les bonheurs peuvent surgir à chaque instant ».

NOTES

-
-
-
-
-
-
-

MES TRACKERS

Pleine conscience									☺
Focus positif									☺
Slow self									☺
Slow body									☺
Happy food									☺
Training zen									☺

Mes 3 bonheurs du jour

1. ……………………
2. ……………………
3. ……………………

Mes 3 objectifs positifs pour demain

1. ……………………
2. ……………………
3. ……………………

DIMANCHE

POSITIVE MINDSET

« Je suis quelqu'un de bien »

Lisez une première fois le mantra du jour : « Je suis quelqu'un de bien ». Puis prenez le temps de le réécrire dans vos notes en bas de page et dans votre Carnet positif. Vous pouvez aussi l'enregistrer en rappel sur votre téléphone à quelques heures aléatoires durant la journée pour vous le remettre en mémoire.

DÉFI POSITIF

Méditation du soleil intérieur

Prenez 3 profondes respirations et fermez les yeux. Imaginez un soleil qui brille en vous et ressentez son rayonnement, sa chaleur et sa lumière qui se répandent dans tout votre corps et réactivent chacune de vos cellules. Respirez… Rouvrez doucement les yeux.

FEEL GOOD

Ma checklist « so exciting »

L'enthousiasme nourrit le bonheur dans sa facette dynamique, il vous aide à vous sentir vivante ! Qu'est-ce qui vous enthousiasme ? Avez-vous des projets, des rêves, des envies, des activités qui vous font vibrer ? Entamez donc votre checklist so exciting dans votre Carnet positif !

MOTIVATION

Merci à mes parents

Quelles que soient vos relations avec vos parents, vous pouvez les remercier d'avoir permis que vous existiez pour être cette personne courageuse, en recherche d'optimisme, patiente, persévérante… Cette merveilleuse personne !

MES TRACKERS

Pleine conscience	☐☐☐☐☐☐☐☐	☺
Focus positif	☐☐☐☐☐☐☐☐	☺
Slow self	☐☐☐☐☐☐☐☐	☺
Slow body	☐☐☐☐☐☐☐☐	☺
Happy food	☐☐☐☐☐☐☐☐	☺
Training zen	☐☐☐☐☐☐☐☐	☺

NOTES

-
-
-
-
-
-
-

Mes 3 bonheurs du jour

1. ....
2. ....
3. ....

Mes 3 objectifs positifs pour demain

1. ....
2. ....
3. ....

Mon bilan semaine 2

Mes belles réussites	Mes axes de progression	Niveau bien-être, comment je me suis sentie ?
....	....	....
....	....	....
....	....	....
....	....	....
....	....	....
....	....	....

Satisfaction de mon niveau de slow life : PEUT MIEUX FAIRE ! ◎ ◎ ◎ ◎ ◎ ◎ ◎ ◎ ◎ ◎ AU TOP !

Satisfaction de mon niveau de food positive : PEUT MIEUX FAIRE ! AU TOP !

Satisfaction de mon niveau de training positif : PEUT MIEUX FAIRE ! AU TOP !

Comment j'ai géré ma pensée positive cette semaine ? PEUT MIEUX FAIRE ! ☆ ☆ ☆ ☆ ☆ ☆ ☆ ☆ ☆ ☆ AU TOP !

Ce qui m'a aidée…	Ce qui m'a freinée…	Ce que je peux faire la semaine prochaine pour progresser…
....	....	....
....	....	....
....	....	....
....	....	....
....	....	....
....	....	....

Cette semaine, vous avez pris conscience de vos forces et peut-être aussi de vos axes d'amélioration ! Gardez votre focus positif et continuez à vous redécouvrir avec ce regard bienveillant sur vous-même et à apprécier sans vous juger à la fois vos talents et vos imperfections ; ce sont toutes vos beautés et les petites vulnérabilités qui vous rendent adorable ! Petit à petit, vous apprenez à vous accepter et à vous aimer telle que vous êtes et ça c'est formidable !

Semaine 3

MON AGENDA FEEL GOOD

Pensez à bien noter dans votre agenda tout ce qui vous aidera à mieux vous organiser cette semaine :

- vos séances de training zen
- vos courses food positive
- vos séances de bien-être slow body
- vos temps slow self consacrés à lire ce cahier
- vos rendez-vous qui contribuent à votre mood positif

Jour	Date		
LUN	....	.....h.... :	.....h.... : ....
		.....h.... :	.....h.... : ....
		.....h.... :	.....h.... : ....
MA	....	.....h.... :	.....h.... : ....
		.....h.... :	.....h.... : ....
		.....h.... :	.....h.... : ....
MER	....	.....h.... :	.....h.... : ....
		.....h.... :	.....h.... : ....
		.....h.... :	.....h.... : ....
JEU	....	.....h.... :	.....h.... : ....
		.....h.... :	.....h.... : ....
		.....h.... :	.....h.... : ....
VEN	....	.....h.... :	.....h.... : ....
		.....h.... :	.....h.... : ....
		.....h.... :	.....h.... : ....
SA	....	.....h.... :	.....h.... : ....
		.....h.... :	.....h.... : ....
		.....h.... :	.....h.... : ....
DIM	....	.....h.... :	.....h.... : ....
		.....h.... :	.....h.... : ....
		.....h.... :	.....h.... : ....

MON INTENTION POSITIVE DE LA SEMAINE

Alors, dans quel mood positif voulez-vous particulièrement vous sentir cette semaine ? Entourez ce qui correspond le mieux à votre intention positive personnelle pour la semaine :

Cette semaine je vais me sentir

Inspirante
Efficace
Authentique
Passionnée
Confiante
Optimiste
Calme
Détendue
Présente
Fière
Sereine
Enthousiaste
Émerveillée
Inspirée
Paisible
Déterminée
Disponible
Créative
Courageuse
Pleine d'amour
Curieuse
Alignée
Rayonnante
Excitée
Reconnaissante
Admirative
Organisée
Audacieuse
Tranquille
Libre
Joyeuse
Complice
Pleine d'espoir
Généreuse
Amusante
Dynamique
Autre : ………

LUNDI

MOTIVATION

Go ! Je crée mon geste de motivation

Pour se motiver, certains serrent le poing, d'autres posent leurs mains sur leur cœur ou les unissent comme pour faire une prière. Choisissez votre geste de motivation pour augmenter vos chances de réussite et reproduisez-le avant chaque passage à l'action !

DÉFI POSITIF

Mes rituels de motivation

Il est parfois difficile de maintenir une discipline régulière. Les rituels de motivation y aident nettement, comme faire des échauffements avant une séance de sport ou mettre son tablier avant de cuisiner. Quels sont vos rituels de motivation perso ? Vous servir une infusion ? Mettre de la musique ?

POSITIVE MINDSET

Les joies de mon enfance

Qu'avez-vous particulièrement apprécié durant votre enfance ? Prenez une feuille et représentez dessus un chemin allant de votre naissance à vos 12 ans. Puis illustrez ce chemin de petits textes ou de dessins pour y représenter les petits plaisirs et les grandes joies de votre enfance (une glace, un jouet, une balançoire…).

FEEL GOOD

Mes fiertés pro

De quoi êtes-vous fière dans votre parcours pro ? De quelles décisions ? De quelles compétences techniques (liées à votre métier), sociales (empathie, collaboration, leadership…) ou humaines (ponctualité, honnêteté, organisation…) ? De quels projets ou succès ? Listez le tout dans votre Carnet positif !

MES TRACKERS

Pleine conscience											☺
Focus positif											☺
Slow self											☺
Slow body											☺
Happy food											☺
Training zen											☺

NOTES

-
-
-
-
-
-
-

Mes 3 bonheurs du jour

1. ……………………………
2. ……………………………
3. ……………………………

Mes 3 objectifs positifs pour demain

1. ……………………………
2. ……………………………
3. ……………………………

MARDI

POSITIVE MINDSET

Les challenges de mon adolescence

La vie d'ado n'est pas toujours facile. Quelles épreuves avez-vous surmontées ? Premières déceptions amoureuses ? Complexes ? Crises familiales ? Surtout, comment vous en êtes-vous remise ? Grâce à votre humour ? À vos amies ? Au sport ? Reconnectez-vous à ces forces que vous avez en vous depuis toujours !

FEEL GOOD

Mes fiertés de tribu !

De quoi êtes-vous fière par rapport à votre famille ? De quelles décisions ? Quelles actions ? Quels comportements ? Quelles attitudes ? De quelles valeurs familiales ? Quels rituels de famille ? Notez le tout dans une nouvelle « Checklist de mes fiertés de tribu » de votre Carnet positif !

DÉFI POSITIF

Mes mantras de réussite

« Je vais y arriver », « Tout va bien se passer », « Just do it ! »... Les mantras peuvent aussi servir pour booster votre motivation. Trouvez votre mantra de réussite à associer à votre geste de motivation pour augmenter toujours plus vos chances de succès !

MOTIVATION

Oups ! Je n'y arrive pas

La fierté est souvent perçue comme de la prétention, de l'orgueil ou de l'arrogance. Mais elle exprime avant tout votre satisfaction et des réactions qui révèlent votre valeur. Si cela vous gêne, changez le terme et listez vos « réussites » ou vos « belles réalisations ».

NOTES

-
-
-
-
-
-
-

MES TRACKERS

Pleine conscience										☺
Focus positif										☺
Slow self										☺
Slow body										☺
Happy food										☺
Training zen										☺

Mes 3 bonheurs du jour

1. ....
2. ....
3. ....

Mes 3 objectifs positifs pour demain

1. ....
2. ....
3. ....

MERCREDI

MOTIVATION

Aïe ! Je ne me sens pas à la hauteur

Il vous arrive encore peut-être de douter de vous-même. Mais ne doutez pas de votre valeur ! Si le doute s'installe, reprenez votre Carnet positif et relisez d'un trait toutes ces checklists de vos fiertés et réussites et faites vos gestes de motivation et de réussite pour vous sentir plus que jamais à la hauteur !

FEEL GOOD

Mes belles histoires d'amour

Dessinez une jolie guirlande de cœurs dans votre Carnet positif puis écrivez à l'intérieur tous les meilleurs moments qui vous reviennent de vos love stories (premiers coups de cœur d'enfance, jolies rencontres ou petits échanges, grands moments d'émotion…). Ces souvenirs vous mettront sur un nuage !

DÉFI POSITIF

Mon geste de victoire

Pour anticiper ou célébrer une victoire, vous avez sans doute un geste qui vous vient naturellement : les pouces en l'air, les doigts en V, ou encore les bras levés en V vers le ciel ? Testez maintenant et trouvez votre posture de victoire à reproduire après chacun de vos succès.

POSITIVE MINDSET

Les succès de ma jeunesse

Durant votre jeunesse, vous avez vécu des moments inoubliables. Avec qui avez-vous partagé vos meilleurs moments ? Quelles étapes avez-vous franchies avec succès ? Votre premier emploi ? Votre premier appartement ? Votre première voiture ? Listez tous vos meilleurs souvenirs de jeunesse.

MES TRACKERS

Pleine conscience ☐☐☐☐☐☐☐☐ ☺

Focus positif ☐☐☐☐☐☐☐☐ ☺

Slow self ☐☐☐☐☐☐☐☐ ☺

Slow body ☐☐☐☐☐☐☐☐ ☺

Happy food ☐☐☐☐☐☐☐☐ ☺

Training zen ☐☐☐☐☐☐☐☐ ☺

NOTES

- ______
- ______
- ______
- ______
- ______
- ______
- ______

Mes 3 bonheurs du jour

1. ....
2. ....
3. ....

Mes 3 objectifs positifs pour demain

1. ....
2. ....
3. ....

JEUDI

DÉFI POSITIF

Mes rituels de célébration

Vous avez sans doute déjà appelé votre mère pour annoncer une bonne nouvelle, ou bien fêté une victoire autour d'un verre. Célébrer vos réussites est important pour ne pas passer de suite à autre chose comme si ça ne comptait pas. Avez-vous célébré vos premiers succès obtenus avec ce programme ? C'est le moment !

POSITIVE MINDSET

Les succès de ma vie adulte

Prendre conscience de ses succès et les célébrer contribue à nourrir l'estime de soi. Repensez aux différentes réussites de votre vie jusqu'à présent et réalisez votre « Checklist de succès » !

FEEL GOOD

Friendship pride !

Votre bonheur est directement influencé par la moyenne du bonheur des gens qui vous entourent. Quelles ont été les personnes les plus influentes pour votre bonheur ? Quelles sont les personnes les plus épanouies dans votre entourage ? Dressez la liste des personnes positives de votre vie et des meilleurs moments que vous avez passés avec elles ou grâce à elles !

MOTIVATION

Je ne suis pas seule

Relisez vos différentes checklists de fiertés et réalisez que tous ces succès résultent non seulement de vos propres décisions et attitudes, mais aussi de votre entourage qui vous a soutenue à chaque moment. Et réjouissez-vous d'être si bien entourée !

NOTES

-
-
-
-
-
-
-

MES TRACKERS

Pleine conscience									☺
Focus positif									☺
Slow self									☺
Slow body									☺
Happy food									☺
Training zen									☺

Mes 3 bonheurs du jour

1. ....
2. ....
3. ....

Mes 3 objectifs positifs pour demain

1. ....
2. ....
3. ....

VENDREDI

MOTIVATION

SOS ! Je me sens prétentieuse

Pas facile d'assumer toutes ces réussites… Si vous manquiez de confiance en vous jusque-là, maintenant vous vous sentez peut-être honteuse de toutes ces réussites. Inutile de le crier sur tous les toits, ces célébrations sont essentiellement pour vous-même !

POSITIVE MINDSET

Mon dernier succès

Qu'avez-vous particulièrement réussi récemment ? Prenez une nouvelle feuille et représentez-vous aujourd'hui au centre (ou écrivez votre prénom), puis, autour, ajoutez ce qui représente le mieux selon vous ce dernier succès ; ajoutez des mots, une date, des dessins, tout ce qui vous rappelle ce moment.

FEEL GOOD

Mes fiertés côté santé

Votre santé repose avant tout sur votre hygiène de vie (alimentation, activité physique, sommeil…). Prenez déjà conscience de toutes vos bonnes habitudes que vous souhaitez conserver pour rester en pleine santé, et notez-les dans une « Checklist de mes rituels forme » de votre Carnet positif !

DÉFI POSITIF

Mon mur de la réussite

Certains objets symbolisent votre réussite : une coupe, une bague, un bracelet… Où se trouvent actuellement ces objets ? Au fond d'un tiroir ? Votre défi du jour : créer votre mur ou votre étagère du succès, avec les objets qui vous évoquent vos réussites. Le regarder vous reboostera !

♡ MES TRACKERS ♡

Pleine conscience									☺
Focus positif									☺
Slow self									☺
Slow body									☺
Happy food									☺
Training zen									☺

NOTES

- ____
- ____
- ____
- ____
- ____
- ____
- ____

Mes 3 bonheurs du jour

1. ……………………
2. ……………………
3. ……………………

Mes 3 objectifs positifs pour demain

1. ……………………
2. ……………………
3. ……………………

SAMEDI

FEEL GOOD

Mes fiertés financières

Prenez une page quadrillée de votre Carnet positif, graduez l'abscisse en années. Dessinez une courbe montant de 1 carreau pour chaque année de bonne relation avec votre compte en banque (pas de fin de mois dans le rouge, de restriction ni de dépenses inutiles...), dessinez une courbe descendant de 1 carreau pour chaque année inconfortable sur le plan financier.

MOTIVATION

J'ai donné le meilleur de moi-même

Waouh ! Vous réalisez le nombre de succès que vous avez listés cette semaine ? Ce n'était pas toujours facile, mais vous avez vraiment donné le meilleur de vous-même et vous pouvez encore une fois être vraiment fière de vous ! Bravo !

DÉFI POSITIF

Les photos de mes succès

Une autre belle illustration de vos plus belles réussites se trouve sans doute dans vos albums de photos. Regroupez voire imprimez quelques photos qui vous évoquent de beaux succès de votre vie. Et ajoutez-les sur votre mur ou sur votre étagère !

POSITIVE MINDSET

Mon plus grand succès

Maintenant que vous avez listé toutes vos petites et grandes réussites, quel est le top 3 de vos plus belles réalisations ? Sur une dernière feuille, dessinez un arc-en-ciel (plusieurs bandes horizontales aux couleurs contemporaines, pour un rendu graphique), et inscrivez sur 3 bandes vos 3 fiertés.

NOTES

- ______
- ______
- ______
- ______
- ______
- ______
- ______

MES TRACKERS

Pleine conscience	▨	☐	☐	☐	☐	☐	☐	☐	☐	☺
Focus positif	☐	☐	☐	☐	☐	☐	☐	☐	☐	☺
Slow self	☐	☐	☐	☐	☐	☐	☐	☐	☐	☺
Slow body	☐	☐	☐	☐	☐	☐	☐	☐	☐	☺
Happy food	☐	☐	☐	☐	☐	☐	☐	☐	☐	☺
Training zen	☐	☐	☐	☐	☐	☐	☐	☐	☐	☺

Mes 3 bonheurs du jour

1. ....
2. ....
3. ....

Mes 3 objectifs positifs pour demain

1. ....
2. ....
3. ....

DIMANCHE

DÉFI POSITIF

Méditation de la réussite

Prenez 3 profondes respirations et fermez les yeux. Puis repensez à votre plus grand succès. Revivez-le dans tous ses détails : lieux, sons, odeurs, émotions… Respirez… Appréciez ce que cela provoque en vous… Rouvrez doucement les yeux et appréciez encore quelques instants les bienfaits de cette séance.

MOTIVATION

Merci à ceux qui m'aident

Prenez le temps d'envoyer un message (ou d'écrire un mot dans votre Carnet positif) à toutes ces personnes qui ont contribué à vos réussites (parents, amis, boss, profs…), qu'elles en aient conscience ou non. Ça leur fera plaisir, et à vous aussi par ricochet !

FEEL GOOD

Mes fiertés altruistes

La science l'a prouvé : faire du bien autour de soi contribue à notre propre bonheur. Un coup de main à votre voisin, un don de sang, un petit mot gentil pour un proche… Prenez conscience de ces petits gestes qui offrent du bonheur aux autres, et soyez fière de chacune de vos actions altruistes !

POSITIVE MINDSET

« Je suis fière de ma vie »

Mettez-vous debout, les pieds écartés bien ancrés au sol, et levez les bras et les yeux vers le ciel en répétant très fort dans votre tête le mantra : « Je suis fière de ma vie ». Imaginez qu'une grande vague de fierté vous envahit de la tête aux pieds.

MES TRACKERS

Pleine conscience									☺
Focus positif									☺
Slow self									☺
Slow body									☺
Happy food									☺
Training zen									☺

NOTES

-
-
-
-
-
-
-

Mes 3 bonheurs du jour

1. ....
2. ....
3. ....

Mes 3 objectifs positifs pour demain

1. ....
2. ....
3. ....

Mon bilan semaine 3

Mes belles réussites	Mes axes de progression	Niveau bien-être, comment je me suis sentie ?
....	....	....
....	....	....
....	....	....
....	....	....
....	....	....
....	....	....

Satisfaction de mon niveau de slow life : PEUT MIEUX FAIRE ! … AU TOP !

Satisfaction de mon niveau de food positive : PEUT MIEUX FAIRE ! … AU TOP !

Satisfaction de mon niveau de training positif : PEUT MIEUX FAIRE ! … AU TOP !

Comment j'ai géré ma pensée positive cette semaine ? PEUT MIEUX FAIRE ! … AU TOP !

Ce qui m'a aidée…	Ce qui m'a freinée…	Ce que je peux faire la semaine prochaine pour progresser…
....	....	....
....	....	....
....	....	....
....	....	....
....	....	....
....	....	....

Vous avez sans doute pris beaucoup de plaisir cette semaine à vous remémorer vos différents succès et vos plus belles réussites ! Si cela vous a semblé parfois un peu difficile, rassurez-vous, ce sera de plus en plus facile avec le temps, car, en développant votre positive attitude et votre confiance en vous, vous ressentirez de plus en plus facilement de la fierté pour toutes vos belles réalisations et même de la gratitude pour tout ce qui vous a permis d'y arriver et pour tous ceux qui vous ont aidée à en arriver là. D'ici là, prenez déjà le temps de vous remémorer de temps en temps ces bons moments et de les apprécier à leur juste valeur.

Semaine 4

MON AGENDA FEEL GOOD

Pensez à bien noter dans votre agenda tout ce qui vous aidera à mieux vous organiser cette semaine :

- vos séances de training zen
- vos courses food positive
- vos séances de bien-être slow body
- vos temps slow self consacrés à lire ce cahier
- vos rendez-vous qui contribuent à votre mood positif

LUN	....	.....h.... :	.....h.... : ....
		.....h.... :	.....h.... : ....
		.....h.... :	.....h.... : ....
MA	....	.....h.... :	.....h.... : ....
		.....h.... :	.....h.... : ....
		.....h.... :	.....h.... : ....
MER	....	.....h.... :	.....h.... : ....
		.....h.... :	.....h.... : ....
		.....h.... :	.....h.... : ....
JEU	....	.....h.... :	.....h.... : ....
		.....h.... :	.....h.... : ....
		.....h.... :	.....h.... : ....
VEN	....	.....h.... :	.....h.... : ....
		.....h.... :	.....h.... : ....
		.....h.... :	.....h.... : ....
SA	....	.....h.... :	.....h.... : ....
		.....h.... :	.....h.... : ....
		.....h.... :	.....h.... : ....
DIM	....	.....h.... :	.....h.... : ....
		.....h.... :	.....h.... : ....
		.....h.... :	.....h.... : ....

MON INTENTION POSITIVE DE LA SEMAINE

Alors, dans quel mood positif voulez-vous particulièrement vous sentir cette semaine ? Entourez ce qui correspond le mieux à votre intention positive personnelle pour la semaine :

Cette semaine je vais me sentir

INSPIRANTE
Efficace
AUTHENTIQUE
PASSIONNÉE
Confiante
OPTIMISTE
Calme
DÉTENDUE
PRÉSENTE
Fière
Sereine
ÉMERVEILLÉE
ENTHOUSIASTE
INSPIRÉE
PAISIBLE
Déterminée
Disponible
CRÉATIVE
COURAGEUSE
PLEINE D'AMOUR
CURIEUSE
ALIGNÉE
Rayonnante
EXCITÉE
Reconnaissante
ADMIRATIVE
ORGANISÉE
AUDACIEUSE
TRANQUILLE
LIBRE
Joyeuse
COMPLICE
PLEINE D'ESPOIR
GÉNÉREUSE
AMUSANTE
Dynamique
AUTRE : ....

LUNDI

MOTIVATION

Petit à petit, ça marche !

Le monde ne s'est pas fait en un jour, alors ne vous précipitez pas ! Vous vous donnez les moyens jour après jour d'évoluer, et même si parfois les résultats semblent moins visibles, l'essentiel est de continuer à avancer !

FEEL GOOD

Les médias positifs

C'est désormais prouvé, passer trop de temps sur vos réseaux sociaux augmente le sentiment de solitude et le risque de dépression. Observez l'impact de ces médias sur vous et ne gardez petit à petit que les plus positifs, ceux qui vous font du bien et vous motivent !

POSITIVE MINDSET

Ce que j'aime dans ma maison

10 % de votre bonheur dépendent de votre environnement. C'est peu, mais chaque détail compte pour être heureuse ! Votre lieu de vie influence forcément votre état d'esprit quotidien. Observez-le comme si c'était la première fois et notez dans votre Carnet positif tout ce que vous aimez dans votre chez-vous.

DÉFI POSITIF

Je me lève du bon pied

Authentique ou forcé, un sourire libère en nous une petite dose d'hormones du bien-être, réduisant notre stress et augmentant instantanément notre motivation et notre joie. Un sourire (même forcé) sur votre visage avant de vous lever peut ainsi vous aider à vous lever du bon pied !

MES TRACKERS

Pleine conscience									☺
Focus positif									☺
Slow self									☺
Slow body									☺
Happy food									☺
Training zen									☺

NOTES

-
-
-
-
-
-
-

Mes 3 bonheurs du jour

1. ....
2. ....
3. ....

Mes 3 objectifs positifs pour demain

1. ....
2. ....
3. ....

MARDI

MOTIVATION

Oups ! Il pleut

Si votre environnement influence votre moral, c'est votre focus qui détermine la façon dont vous percevez votre environnement. En mode focus positif, une petite maison devient chaleureuse, un vieux meuble devient historique et la pluie devient apaisante !

POSITIVE MINDSET

Checklist de mes lieux refuge

Dans certains lieux, vous vous sentez plus libre, plus joyeuse, plus sereine… Listez dans votre Carnet positif tous ces lieux ressources (dans votre maison de famille à la campagne, dans une forêt, dans un certain pays…). Et prévoyez dans votre agenda de vous y rendre prochainement.

DÉFI POSITIF

5 minutes au soleil

Le soleil favorise la synthèse de votre vitamine D, réduit votre pression artérielle, stimule votre oxygénation, booste votre système immunitaire, contribuant à votre bien-être à court et à long terme. Prenez votre dose chaque jour, 5 minutes, en pleine conscience (le matin en ouvrant les rideaux, le midi pendant votre pause déj, le soir sur le trajet de retour).

FEEL GOOD

Tout cha(t)mallow !

Caresser un chat ou tout autre animal réduit immédiatement le stress. Le ronronnement du chat émet des fréquences basses qui sont apaisantes pour lui autant que pour nous. Si vous avez un animal, consacrez-lui du temps chaque jour en pleine conscience.

NOTES

-
-
-
-
-
-
-

MES TRACKERS

- *Pleine conscience*
- *Focus positif*
- *Slow self*
- *Slow body*
- *Happy food*
- *Training zen*

Mes 3 bonheurs du jour

1. ....
2. ....
3. ....

Mes 3 objectifs positifs pour demain

1. ....
2. ....
3. ....

MERCREDI

FEEL GOOD

Mon côté arty

L'Organisation mondiale de la santé l'a prouvé : l'art peut avoir un effet positif sur votre santé physique et votre bien-être ! Arts de la scène (musique, danse, chant, théâtre, ciné…), arts visuels (artisanat, peinture, photo…), arts littéraires (écrire, lire) ou arts culturels (musées)… Aujourd'hui, faites une petite pause arty !

MOTIVATION

Aïe ! Une mauvaise nouvelle

Malgré tous vos efforts pour mettre du positif dans votre vie, vous n'échapperez pas aux mauvaises nouvelles de temps à autre. Accueillez vos émotions, ne les niez pas, vivez-les pleinement. Puis réactivez votre focus positif et trouvez du sens et l'opportunité cachée derrière cette mauvaise nouvelle.

POSITIVE MINDSET

J'organise mon environnement

En observant ce qui vous entoure, vous prenez conscience de ce qui vous met en joie, mais aussi de ce qui nuit à votre bonne humeur. Agissez pour vous sentir mieux : faites du ménage, du rangement, du tri, revoyez la déco, la disposition des meubles…

DÉFI POSITIF

La respiration pour vous ressourcer

Pour vous offrir une pause, redressez-vous, fermez les yeux et prenez une profonde respiration. Rouvrez vos yeux et, à chaque inspiration, imaginez que vous absorbez tout le positif de ce qui vous entoure ; et à chaque expiration, libérez toutes vos tensions. Recommencez 6 à 8 fois.

MES TRACKERS

Pleine conscience									☺
Focus positif									☺
Slow self									☺
Slow body									☺
Happy food									☺
Training zen									☺

NOTES

-
-
-
-
-
-
-

Mes 3 bonheurs du jour

1. ……………………………
2. ……………………………
3. ……………………………

Mes 3 objectifs positifs pour demain

1. ……………………………
2. ……………………………
3. ……………………………

JEUDI

POSITIVE MINDSET

J'aime ma rue

Prenez le temps de regarder en détail votre rue, pour en apprécier sa beauté, sa vie, sa culture, son ambiance, ses mystères, ses lieux typiques et atypiques, les détails des bâtiments. Vous pouvez aussi vous renseigner sur son histoire.

MOTIVATION

Je partage la magie

Ne cherchez pas toujours à rendre heureux ceux que vous aimez, prenez plutôt le temps de vous intéresser à ce qui contribue déjà à leur bonheur : posez-leur la question, et écoutez-les vous parler de ce qu'ils aiment et de leurs meilleurs souvenirs.
Vous verrez immédiatement des étoiles briller dans leurs yeux !

FEEL GOOD

Le plaid réconfortant

Un bon plaid vous plonge immédiatement dans un mode cocooning apaisant et réconfortant. Vous vous sentez en sécurité, et c'est tellement agréable au toucher ! Chaque soir, enroulez-vous dans un plaid pour un moment de cocooning positif !

DÉFI POSITIF

Ma déco positive

Pièce par pièce, observez toute votre déco ! Appréciez chaque objet, chaque couleur qui vous fait du bien… Et profitez-en pour vous séparer au contraire de ce qui vous évoque des émotions moins agréables (même si c'est un cadeau ou que cela coûte cher…).

NOTES

- ______
- ______
- ______
- ______
- ______
- ______
- ______

MES TRACKERS

Pleine conscience										☺
Focus positif										☺
Slow self										☺
Slow body										☺
Happy food										☺
Training zen										☺

Mes 3 bonheurs du jour

1. ......
2. ......
3. ......

Mes 3 objectifs positifs pour demain

1. ......
2. ......
3. ......

VENDREDI

DÉFI POSITIF

Mon bain de gratitude

Offrez-vous un bain de gratitude grandeur nature en allant vous promener. Ouvrez vos yeux et tous vos sens pour remarquer toutes les belles choses de la nature et laissez-vous envahir de gratitude pour tous les bruits, les odeurs, les sensations dans votre corps…

POSITIVE MINDSET

Ces personnes inspirantes

Certaines personnes ont cette capacité à vous inspirer, à vous motiver et à vous donner de la force grâce à leur parcours de vie, leur personnalité, leurs actions ou leurs paroles. Identifiez au moins 3 personnes inspirantes pour vous (une des femmes de votre lignée, une influenceuse, une personnalité…).

FEEL GOOD

Les bruits de la nature

Le chant des oiseaux au réveil, le bruit des vagues, de la rivière, d'une cascade ou de la forêt… Ces sons naturels sont apaisants et vous aident à vous ressourcer et à vous connecter à l'instant présent. Prenez chaque jour quelques minutes pour les apprécier. Vous pouvez aussi mettre des vidéos.

MOTIVATION

Aïe ! C'est trop dur

Le rythme de ce programme est soutenu, mais accrochez-vous ! Si vous avez besoin de lâcher prise un jour ou deux, profitez de l'instant et reprenez là où vous vous êtes arrêtée quand vous serez prête ! Une pause de temps en temps peut vous aider à reprendre avec encore plus d'enthousiasme.

MES TRACKERS

Pleine conscience										☺
Focus positif										☺
Slow self										☺
Slow body										☺
Happy food										☺
Training zen										☺

NOTES

-
-
-
-
-
-
-

Mes 3 bonheurs du jour

1. ....
2. ....
3. ....

Mes 3 objectifs positifs pour demain

1. ....
2. ....
3. ....

SAMEDI

DÉFI POSITIF

Mes photos du bonheur

Un bon moyen de garder en mémoire les meilleurs moments et les plus belles choses… c'est de les photographier. Prendre une photo améliore l'expérience en vous donnant la sensation de vous immerger pleinement dedans et de vous l'approprier. La règle : une seule photo, pour vous concentrer sur le moment, pas sur le cliché, et apprécier vraiment l'instant.

FEEL GOOD

Tendance silence

Le silence est tout aussi magnifique. Il calme votre esprit, améliore votre attention et votre concentration. C'est un excellent moyen de revenir à l'essentiel et de reprendre la main sur vos pensées agitées. Écoutez le silence pendant 5 minutes.

MOTIVATION

Je partage mes good vibes

Le bonheur, la joie de vivre et l'émerveillement se multiplient quand on les partage. Partagez les merveilles que vous redécouvrez dans votre environnement avec vos proches ou sur vos réseaux sociaux ! Vous récolterez encore plus de positif en retour !

POSITIVE MINDSET

Love earth

La planète constitue aussi votre environnement. Et un environnement sain, vivant, beau, contribue tout autant à votre positive attitude. D'abord, prenez conscience de toutes ses richesses : la mer mystérieuse, les forêts magiques, les natures sauvages, les animaux… Puis fermez les yeux et imaginez que vous êtes une baleine, tout au fond de l'océan, bercée par le roulis. Bercez-vous pendant 5 minutes.

NOTES

-
-
-
-
-
-
-

MES TRACKERS

Pleine conscience									☺
Focus positif									☺
Slow self									☺
Slow body									☺
Happy food									☺
Training zen									☺

Mes 3 bonheurs du jour

1. ……………………………
2. ……………………………
3. ……………………………

Mes 3 objectifs positifs pour demain

1. ……………………………
2. ……………………………
3. ……………………………

DIMANCHE

POSITIVE MINDSET

« J'apprécie le positif autour de moi. »

Lisez le mantra du jour : « J'apprécie le positif autour de moi ». Puis prenez le temps de le réécrire dans vos notes en bas de page et encore dans votre Carnet positif. Vous pouvez aussi le noter sur un bout de papier à glisser dans une jolie pochette dans votre sac à main.

MOTIVATION

Merci aux personnes positives

Certaines personnes sont tout le temps positives, sont solaires, diffusent un message positif. Prenez le temps de remercier ces personnes, par message si vous les connaissez, ou sinon par la pensée, cela vous donnera envie d'en faire partie !

FEEL GOOD

Mes couleurs

Les couleurs nous évoquent des choses. Quelles sont les couleurs qui éveillent en vous les plus belles émotions ? Par exemple, le bleu représente pour vous le rêve, la liberté… Le jaune, la joie, l'enthousiasme… Identifiez les couleurs chères à votre cœur et portez ou entourez-vous au maximum de ces couleurs.

DÉFI POSITIF

Méditation de pleine conscience

Fermez les yeux et prenez 3 profondes respirations. Rouvrez les yeux et observez ce qui vous entoure… sans attente… Respirez… Observez ce que cela provoque en vous… Puis reprenez une profonde respiration et appréciez encore quelques instants les bienfaits de cette séance.

MES TRACKERS

- Pleine conscience
- Focus positif
- Slow self
- Slow body
- Happy food
- Training zen

NOTES

•

•

•

•

•

•

•

Mes 3 bonheurs du jour

1. ....
2. ....
3. ....

Mes 3 objectifs positifs pour demain

1. ....
2. ....
3. ....

Mon bilan semaine 4

Mes belles réussites

Mes axes de progression

Niveau bien-être, comment je me suis sentie ?

Satisfaction de mon niveau de slow life : PEUT MIEUX FAIRE ! AU TOP !

Satisfaction de mon niveau de food positive : PEUT MIEUX FAIRE ! AU TOP !

Satisfaction de mon niveau de training positif : PEUT MIEUX FAIRE ! AU TOP !

Comment j'ai géré ma pensée positive cette semaine ? PEUT MIEUX FAIRE ! AU TOP !

Ce qui m'a aidée…

Ce qui m'a freinée…

Ce que je peux faire la semaine prochaine pour progresser…

Cette semaine, vous avez pris le temps d'observer tout ce qui vous entoure et de prendre conscience de la beauté et de la richesse du monde, que ce soit dans la nature, au niveau matériel ou au niveau social. Peut-être vous êtes-vous un peu relâchée dans vos rituels positifs, c'est bien normal : au bout de 4 semaines, la discipline personnelle perd souvent de sa rigueur. Mais utilisez bien tous les outils et toutes les astuces motivation qui vous sont proposés pour garder le cap ! L'essentiel est de continuer à avancer !

Bilan mois 1

Ma checklist

- ☐ Je me lève le matin avec le smile
- ☐ Moi & moi dans le miroir nous entendons bien désormais
- ☐ Je prends du temps pour respirer
- ☐ Je suis la plupart du temps de bonne humeur
- ☐ Je prends plaisir à manger en pleine conscience
- ☐ J'apprécie mes séances de training
- ☐ Noter mes 3 bonheurs chaque soir me fait kiffer
- ☐ Je me couche le soir fière de ma journée
- ☐ J'adore les petits bonheurs qu'offre la beauté du monde
- ☐ Je commence à m'accepter et à m'aimer telle que je suis

Résultat : .... / 10

Mon score

Au-dessous de 5/10 : ce n'est pas aussi facile que prévu, mais vous avez déjà fait un bout de chemin, et ce n'est que le début, vous ne pouvez que progresser ! Poursuivez vos efforts pendant quelques semaines, et être positive sera de plus en plus naturel pour vous ! Restez sur le mois 1 encore quelques semaines et passez au mois suivant quand vous vous sentirez plus à l'aise.

Entre 5 et 8/10 : vous êtes en très net progrès, mais il y a encore des efforts à faire ! Continuez à cultiver votre focus positif et à vous observer vous-même jusqu'à parvenir à vous accepter totalement comme vous êtes et même à vous aimer malgré vos imperfections. Vous pouvez passer au mois 2, mais revenez aux rituels du mois 1 si vous vous sentez moins prête que prévu.

Au-dessus de 8/10 : bravo, vous avez bien rempli tous vos trackers et réussi à vous accepter et à vous aimer telle vous êtes et même à apprécier toute la beauté du monde qui vous entoure ! Vous êtes une warrior positive ! Et vous êtes largement prête pour l'étape suivante, qui va vous amener à développer encore plus votre positive attitude !

Ce dont je suis le plus fière

....

....

....

....

....

Mes atouts

....

....

....

....

....

....

Mon bien-être

Avez-vous bien pratiqué vos séances de training zen ? Avez-vous tenu vos rituels quotidiens des 3 bonheurs du jour et de vos objectifs positifs pour le lendemain ? Avez-vous ralenti votre rythme pour respirer et prendre du recul sur vous-même ? Et avez-vous commencé à tester la happy food ? Tous ces rituels positifs ont leur importance ! Si vous ne les faites pas régulièrement, gare à la mauvaise humeur et aux pensées négatives ! Évaluez sur les réglettes ci-dessous votre régularité et votre satisfaction dans ces domaines !

Pensée positive										☺
Slow life										☺
Food positive										☺
Training positif										☺

Mandala good vibes

Coloriez la case du jour selon la légende. Vous dessinez ainsi l'atmosphère de votre programme et votre réussite !

Bravo ! Super journée et objectifs atteints !

Yes ! Bonne journée dans l'ensemble, objectifs quasiment respectés

Bof ! Pas très satisfaite… je ferai mieux demain !

Aïe ! Impossible de tenir les objectifs…

MES NOTES

Mois 2

Objectif

Je cultive ma positive attitude !

Vous avez passé le cap du 1er mois! Bravo! Maintenant que vous avez activé votre focus positif, attendez-vous à avoir mal à vos joues, car vous allez beaucoup sourire ce mois-ci! L'objectif de ces semaines à venir est de booster votre positive attitude jour après jour, et pour cela vous allez renforcer votre optimisme et apprendre à vous affirmer dans votre vie perso comme dans votre vie pro et dans vos décisions comme dans vos relations!

Les 3 attitudes qui mettent des paillettes dans la vie

Vous avez pris conscience de vos forces et de vos fragilités, et vous voici fin prête à passer à l'action pour atteindre le niveau supérieur et enclencher le mode positive attitude! Vous voulez maintenant plus de paillettes dans votre vie et vous avez bien raison! Pour y parvenir, il va vous falloir non seulement renforcer votre optimisme, mais aussi oser vous affirmer chaque jour un peu plus!

Côté optimisme, il est fréquent qu'il soit associé à la capacité à voir le verre à moitié plein. Il s'agit effectivement d'un trait de la personnalité prédisposant une personne à s'attendre généralement à ce que des événements favorables lui arrivent dans l'avenir. Mais l'optimisme est aussi la façon d'expliquer les événements négatifs auxquels on est confronté. Concrètement, 3 leviers permettent de booster votre optimisme : la permanence, la généralisation et l'intériorisation du positif.

Demain ça ira mieux!

Pour développer votre optimisme, la première étape est d'accueillir les événements tels qu'ils sont, en pleine conscience, mais avec confiance dans la suite de ces événements. Face à une situation agréable, dites-vous que c'est un bon signe et un bon début, et réjouissez-vous d'avance de la suite! Au contraire, en cas de situation désagréable, vivez pleinement vos émotions dans l'instant présent, mais rassurez-vous en anticipant les issues favorables de cet événement. Pour cela, une phrase que vous pouvez vous répéter tel un mantra est la suivante : « Ça ira mieux demain! »

Je rayonne le positif!

Devenir optimiste, c'est aussi apprendre à faire rayonner le positif d'un domaine de votre vie sur les autres. Vous avez une bonne nouvelle au travail? Super! Vous allez pouvoir fêter ça avec vos proches! À l'inverse, en cas de mauvaise nouvelle, vous apprendrez à mettre des barrières pour éviter que les événements négatifs survenus dans l'un de vos domaines de vie ne vienne contaminer les autres. Vous vous disputez avec votre moitié? Cela ne vous empêchera pas de vous éclater à votre séance de training, ni d'être au top de votre efficacité pro!

Je tiens mon bonheur entre mes mains

Et pour incarner totalement l'optimisme, il ne vous restera plus qu'à assumer votre part de responsabilité de votre propre bonheur. Exit les « Je n'ai pas réussi parce que je n'ai jamais de chance » ou les « C'était vraiment facile, c'est pour ça que j'ai réussi ». Vous allez prendre conscience de votre rôle essentiel sur votre propre humeur et devenir réellement actrice de votre vie et de votre bonheur ! Votre positive attitude dépend avant tout de vos décisions et de vos comportements mis en œuvre pour développer votre optimisme ! Avec ce cahier entre les mains, vous êtes sur le bon chemin ! Attention, ça ne veut pas dire que ce sera toujours facile, car, pour y parvenir, vous allez forcément devoir sortir un peu de votre zone de confort ! Et vous allez y arriver ! Un pas après l'autre !

J'ose et je m'affirme

Avec le temps, vous avez pris des habitudes et vous vous êtes créé une routine et un environnement rassurants, grâce auxquels vous vous sentez en sécurité. Mais pour développer votre positive attitude, il va vous falloir évoluer et donc sortir progressivement de votre zone de confort pour explorer votre zone de croissance et de développement, et ainsi pouvoir révéler votre potentiel. C'est en changeant vos pensées, vos émotions et vos habitudes que vous pourrez changer vous-même profondément. Pour cela, vous allez devoir affronter votre petite zone de peur en faisant preuve de courage et d'audace pour oser tester de nouvelles pratiques et de nouveaux rituels, mais aussi pour tester de nouvelles attitudes avec les autres, en couple, avec vos amis, en famille ou au travail. Vous passerez certainement par une petite zone de panique, étant probablement amenée à repenser vos choix de vie et votre équilibre de vie. Mais soyez sûre de vous, avancez un pas après l'autre et vous atteindrez bientôt votre zone de magie, dans laquelle vous ne vous contenterez plus d'être positive, car vous rayonnerez de mille feux !

Les 7 règles d'or pour s'affirmer

L'affirmation de soi est l'une des bases de la positive attitude. Vous affirmer revient à trouver la bonne attitude entre la passivité et l'agressivité. En étant passive, vous n'exprimez et ne tenez jamais compte de vos propres besoins. En étant agressive, vous n'écoutez et ne prenez pas en compte les besoins des autres, et évacuez vos tensions de la mauvaise façon. Mais, petit à petit, vous allez réussir à vous affirmer, en exprimant vos désirs tout en respectant ceux des autres, et vos chances d'obtenir ce que vous voulez ne feront qu'augmenter, autant que la qualité de vos relations, votre confiance en vous et votre optimisme ! Eh oui ! En osant vous affirmer, vous assumerez davantage votre rôle à jouer dans votre positive attitude et vous vous prouverez un peu plus chaque jour que vous êtes capable de mettre des paillettes dans votre vie ! Voici donc 7 règles d'or à suivre tout au long du mois à venir pour oser vous affirmer :

1. entrez vous-même en contact avec les autres : n'attendez pas que les autres fassent le premier pas ;
2. adoptez une posture ouverte : redressez-vous, ouvrez vos épaules et décroisez vos bras et vos jambes ;

3. regardez vos interlocuteurs dans les yeux et souriez;
4. exprimez clairement vos idées, vos intentions, vos émotions, vos besoins et vos demandes; n'attendez pas que les autres devinent ce que vous souhaitez;
5. Écoutez, acceptez et respectez les idées, intentions, émotions, besoins et demandes des autres;
6. en cas de désaccord, cherchez ensemble des compromis tenant compte des besoins de chacun;
7. Osez dire non avec bienveillance en expliquant poliment les raisons sincères de votre refus.

Mon plan d'action pensée positive

Maintenant que votre focus positif est activé et que vous parvenez à vivre de plus en plus en pleine conscience, vous êtes capable de profiter de l'instant présent tel qu'il est dans un état d'esprit positif, mais vous n'avez pas encore d'influence sur les événements en eux-mêmes. Ce mois-ci, on booste à fond votre positive attitude en passant en mode action! Vous n'allez plus vous contenter d'observer les choses, vous allez devenir actrice de votre vie et de votre propre bonheur!

Profil 1 : Vous avez la stress attitude

Vous ne vous sentiez peut-être pas souvent à la hauteur jusqu'ici et n'osiez pas prendre des risques et encore moins des initiatives. Pas facile de demander de l'aide pour votre déménagement, dur dur d'oser suggérer un super restau que vous avez découvert pour la prochaine soirée entre filles et impossible d'oser dire non à votre boss... Votre stress et votre manque de confiance vous plaçaient sans doute souvent en position de suiveuse, même lorsque vous n'étiez pas du même avis que les autres. Mais tout ça, c'est de l'histoire ancienne! Faites-vous confiance, changez vos habitudes pour faire de la place à ce qui booste votre positive attitude!

Votre plan pensée positive

- **Réveillez l'optimiste qui est en vous** : ayez confiance en l'avenir, rappelez-vous que tout ira mieux demain, appuyez-vous sur les domaines de votre vie les plus solides pour vous ressourcer et demandez-vous toujours ce que vous pouvez vous-même faire pour aller mieux en cas de besoin.
- **Retrouvez confiance en vous** : sortez doucement de votre zone de confort, un jour après l'autre, à votre rythme, observez vos progrès, aussi infimes soient-ils, et célébrez-les!
- **Développez des relations positives** : rapprochez-vous des personnes les plus positives, soyez à l'écoute de leurs émotions et de leurs besoins et commencez vous aussi à leur exprimer les vôtres!
- **Mettez du bonheur dans votre job** : réaménagez votre bureau pour vous y sentir mieux et cherchez tout ce qui peut améliorer votre qualité de vie au travail : faire plus de pauses, acheter un fauteuil plus confortable, écouter une petite musique de fond...

Les difficultés que vous pourriez rencontrer…

Une petite voix intérieure viendra peut-être vous freiner, par peur de l'inconnu. Mais en avançant petit à petit, vous réaliserez vite que les plus grands dangers sont seulement dans votre tête, et qu'en y allant doucement mais sûrement, vous êtes capable de bien plus que vous ne le pensiez !

Mes trackers

Dans votre tableau Trackers du mois (p. 100), notez vos 4 objectifs du mois :

- Optimisme booster (dès la semaine 1)
- Confiance en soi booster (à partir de la semaine 2)
- Relations positives booster (à partir de la semaine 3)
- Happy job booster (à partir de la semaine 4)

Et faites votre suivi chaque jour !

Profil 2 : Vous avez la cool attitude

Vous êtes probablement déjà consciente de vos capacités et de vos compétences. Pourtant, un petit quelque chose vous empêche encore parfois d'aller jusqu'au bout de vos ambitions. Si vous osiez… Il serait peut-être temps de mettre en place de nouvelles habitudes encore plus positives, un pas après l'autre. Vous allez vous reconnecter avec cette partie la plus optimiste et confiante de vous-même et vous vous surprendrez à sortir de votre zone de confort bien plus que vous ne vous en imaginiez capable !

Votre plan pensée positive

- **Musclez votre optimisme** : l'avenir vous appartient, alors faites de chaque journée une opportunité de plus de vivre un avenir épanoui, sans vous freiner à la moindre difficulté et en cherchant toujours de nouvelles stratégies pour continuer à avancer.
- **Boostez votre confiance en vous** : osez exprimer vos idées et prenez des initiatives. Vous êtes capable de bien plus et vous le savez, alors assumez vos talents et vos compétences et passez à l'action !
- **Multipliez vos relations positives** : il est temps de mettre plus d'énergie dans vos relations inspirantes que dans vos relations toxiques ; mettez des limites, osez dire non, mais osez aussi être force de proposition et faire preuve de créativité pour nourrir vos plus belles relations !
- **Renforcez votre bonheur au travail** : ne vous contentez plus d'éviter les conflits et les situations professionnelles risquées ; osez vous affirmer et proposez des stratégies innovantes pour améliorer l'ambiance au bureau.

Les difficultés que vous pourriez rencontrer...

Les idées ne vous manqueront certainement pas pour trouver des solutions pour votre mieux-être personnel ou professionnel, ni même pour contribuer au mieux-être d'autrui, mais vous aurez encore peut-être des difficultés à les mettre en place. Ce plan d'action vous guidera pas à pas, suivez juste le rythme de votre mieux !

> ### Mes trackers
>
> Dans votre tableau Trackers du mois (p. 100), notez vos 4 objectifs du mois :
> - Optimisme booster (dès la semaine 1)
> - Confiance en soi booster (à partir de la semaine 2)
> - Relations positives booster (à partir de la semaine 3)
> - Happy job booster (à partir de la semaine 4)
>
> Et faites votre suivi chaque jour !

Profil 3 : Vous avez la happy attitude

Ce n'est pas à vous que l'on va apprendre à adopter la positive attitude, mais comme vous êtes certainement une challengeuse, vous allez adorer relever chaque jour de nouveaux défis qui renforceront toujours plus votre optimisme et votre confiance en vous ! Votre plus gros défi ce mois-ci sera de diffuser votre énergie positive, de faire profiter les autres de vos good vibes !

Le plan pensée positive

- **Diffusez votre optimisme :** amusez-vous à révéler l'optimisme des personnes qui vous entourent, donnez-leur le sourire, mais surtout apprenez-leur à développer leur vision optimiste de la vie.
- **Rayonnez de confiance en vous :** inspirez les autres en osant prendre des risques mesurés et des initiatives créatives.
- **Décuplez vos relations positives :** veillez à toujours prendre soin de vos relations les plus importantes et partez en quête de nouvelles relations toujours plus inspirantes les unes que les autres.
- **Éclatez-vous au bureau :** ne vous contentez plus de prendre du plaisir au travail, visez plus haut et trouvez tous les moyens possibles de kiffer !

Les difficultés que vous pourriez rencontrer...

Votre envie de diffuser vos good vibes risque de vous mettre dans des situations de déception ou de frustration, car tout le monde n'en est pas à votre niveau. Suivez ce plan d'action pensée positive pas à pas, ne cherchez pas à aller plus vite que la musique, et respectez les rythmes et les possibilités de chacun.

Attention aussi à l'excès de confiance, qui peut vous mettre dans des situations inconfortables. Faites preuve d'optimisme, oui, mais de réalisme aussi !

Mes trackers

Dans votre tableau Trackers du mois (p. 100), notez vos 4 objectifs du mois :
- Diffusion de mon optimisme (dès la semaine 1)
- Rayonnement de ma confiance (à partir de la semaine 2)
- Relations positives booster (à partir de la semaine 3)
- Job au top ! (à partir de la semaine 4)

Et faites votre suivi chaque jour !

Comment je m'organise ?

J'anticipe les risques de cette nouvelle phase

Continuez d'anticiper les obstacles potentiels en listant les situations qui pourraient vous mettre en difficulté et trouvez à l'avance des solutions.

Le piège	Les solutions
Vous apprenez qu'une personne de votre famille a des soucis.	Exprimez votre compassion et votre amour, aidez-la, mais continuez à profiter de votre vie par ailleurs.
Vos blessez involontairement une autre personne en osant vous exprimer.	Excusez-vous sincèrement et demandez à la personne ce que vous pouvez faire pour qu'elle se sente mieux.
....	....

Je continue à planifier mon agenda feel good (slow life, food positive et training)

Continuez à planifier les différents temps qui sont essentiels dans votre cheminement vers la positive attitude : programmez bien dans votre agenda vos temps de réflexion personnelle (voir plan d'action slow life, p. 96), de courses (voir plan d'action food positive, p. 97) et de cardio (voir plan d'action training positif, p. 98).

Je maintiens ma motivation

Bientôt arrivée à mi-chemin de votre programme, ce n'est pas le moment de relâcher votre motivation ! Pour maintenir le rythme, n'hésitez pas à vous prévoir des petites récompenses chaque semaine pour vous féliciter de vos progrès ! Pour booster votre motivation, réfléchissez donc dès maintenant à ces supercadeaux que vous pourriez vous offrir :
Par exemple :

- une séance chez le coiffeur ou chez l'esthéticienne pour un soin du visage ;
- un nouveau livre, un nouveau parfum ou un bouquet de fleurs pour vous-même !
- ....
- ....

Mon plan d'action slow life : objectif slow people et slow job

Maintenant que vous avez pris l'habitude de vous accorder du temps pour respirer (slow body) et pour réfléchir sur vous-même (slow self), vous allez pouvoir passer au niveau suivant de la slow attitude ! Ce mois-ci, boostez votre positive attitude dans deux domaines essentiels : votre vie sociale et votre vie pro. Puisque vous passez la majorité de votre temps soit au bureau, soit avec vos proches (votre moitié, votre famille ou vos amis), ça va transformer votre vie. Attendez-vous à un déluge de paillettes dans votre vie ! Ce mois-ci, vous allez donc expérimenter deux nouvelles pratiques de la slow attitude : le slow people et le slow job.

J'accorde du temps à mes relations avec le slow people

Pour passer en mode slow people, vous allez tout simplement prendre le temps de faire le point sur vos relations, d'identifier ce que ces relations vous apportent, à quels besoins elles répondent, ce que vous appréciez particulièrement dans vos relations et ce que vous aimeriez améliorer. Prenez aussi du temps pour chouchouter vos relations et mieux communiquer avec la communication non violente et d'autres techniques de communication issues de la programmation neurolinguistique (PNL) ou de l'analyse transactionnelle (AT), mais aussi pour écouter vraiment les autres et les comprendre grâce à l'analyse du langage verbal, paraverbal et non verbal et à l'intelligence émotionnelle. Le slow people consiste aussi à prendre le temps de reprendre contact avec les personnes éloignées, de prendre des nouvelles de vos proches et de passer du temps avec ceux qui comptent pour vous, de partager avec eux de jolis moments et de vous accorder aussi du temps pour faire connaissance avec de nouvelles personnes. Toutes ces habitudes améliorent la qualité de vos relations et contribuent bien sûr à votre épanouissement social.

Je prends du recul sur mon travail avec le slow job

Passer en mode slow job, c'est faire le point sur ce dont vous avez envie et besoin (une formation, de nouvelles missions, un nouveau poste ou un nouveau job…). En vous accordant des temps de réflexion sur ce qui est essentiel pour vous au niveau pro, sur vos valeurs, sur vos compétences, sur votre environnement de travail idéal et vos conditions professionnelles optimales, vous vous offrez d'autant plus de chances d'obtenir ce que vous souhaitez, de vous sentir heureuse et positive. Vous allez petit à petit trouver de plus en plus de plaisir chaque jour dans vos missions pro. En mode slow job, vous serez aussi très vite capable de trouver le bon rythme entre vos temps de concentration, de créativité, d'efficacité et de repos, ainsi que le bon équilibre entre votre temps perso et votre temps pro, pour à la fois profiter de vous journées de boulot et réussir à réellement lâcher prise durant vos temps de pause, vos soirées, vos week-ends et vos vacances.

Mes trackers

Dans votre tableau Trackers du mois (p. 100), notez vos 2 objectifs du mois :

- Mode slow people (du temps pour les autres)
- Mode slow job (du recul sur mon job)

Et faites votre suivi chaque jour !

Plan d'action food positive : je me mets aux superaliments !

Certains aliments sont de vrais concentrés de vitamines, de minéraux, d'antioxydants, d'acides aminés et d'oligo-éléments qui nourrissent non seulement votre corps, mais aussi votre bonne humeur ! Ces superaliments vous apportent déjà instantanément une sensation de réconfort, mais ils stimulent en plus la production de vos hormones de bien-être comme la sérotonine, la dopamine et l'endorphine. Ces aliments revitalisants puissance 10 vont non seulement vous redonner la pêche, mais vont aussi vous aider à contrôler votre glycémie, et ainsi à réguler votre appétit et donc votre poids. Le petits plus : ils renforcent votre système immunitaire, De l'énergie pure à consommer pour booster votre énergie positive !

Ces superaliments bons pour votre santé et votre bien-être

Les superaliments doivent cette appellation à leur richesse nutritionnelle, au shoot de vitamines et d'antioxydants qu'ils apportent. Consommez-les autant que possible dans le cadre d'une alimentation équilibrée et variée !

Les superfruits : la banane, le citron, le kiwi, l'ananas, le litchi, la noix de coco, le pruneau, la myrtille, la mûre sauvage, le cassis, les framboises rouges, les cerises, les fraises, les abricots, la grenade, l'acérola, les fruits du baobab…

Les superlégumes : les épinards, les brocolis, le chou frisé, le chou vert, le chou blanc, le chou-fleur, le chou de Bruxelles, la tomate, l'avocat, la courge, la butternut, la citrouille, le fenouil, le melon…

Les superalgues : la spiruline, la chlorelle, le nori (utilisé pour rouler les makis), le kombu, le wakamé, l'agar-agar, le klamath…

Pensez à bien prévoir vos courses superaliments dans votre agenda chaque semaine !

Les supergraines : le quinoa, les graines de lin, les graines de tournesol, les graines de chia, les graines de caroube, les graines de chanvre, les graines germées…

Les superlégumineuses : les lentilles vertes, les lentilles corail, les lentilles noires, les pois cassés, les pois chiches, les flageolets, les fèves, les haricots rouges, les haricots verts, les haricots blancs…

Les supercéréales : le riz complet, le riz noir, les pâtes complètes, le blé complet, les pommes de terre, le son d'avoine, l'épeautre, l'orge, le millet…

Les superoléagineux : les noix, les amandes, la noix du Brésil, les pistaches, les arachides…

Les superbaies : les baies de goji, les baies d'açaï…

Les superracines : le gingembre, le maca, le curcuma, les betteraves…

Les super-herbes : l'ortie, la camomille, la citronnelle, l'hibiscus, l'anis…

Les superplantes : le guarana, l'aloe vera, la rhubarbe, le thym, l'ail, le ginseng, la réglisse, la menthe, le plantain, le maïs…

Les superhuiles : huile de noix de coco, l'huile d'olive, l'huile de pépin de raisin, l'huile de canola, l'huile de lin, l'huile de colza, l'huile de noix, l'huile de sésame…

Le superthé : le thé vert, en particulier le thé matcha.

Le supercacao : la poudre de cacao et le chocolat noir à plus de 70 % sans sucre ajouté.

Et quelques autres superaliments : la gelée royale, la propolis, la cannelle, les piments, le kéfir, les œufs…, sans oublier l'essentiel : l'eau !

Mes trackers

Dans votre tableau Trackers du mois (p. 100), notez votre objectif du mois :

- Superaliments

Et faites votre suivi chaque jour !

Plan d'action training positif : je teste les sports antidéprime !

Votre cœur est un muscle comme les autres, dont il vous faut prendre soin au quotidien, avec une alimentation saine et équilibrée, bien sûr, mais aussi en pratiquant un sport adapté. Les sports dits « cardio » sont des activités qui reposent sur le souffle, l'endurance et l'effort physique continu, à travers des variations de rythme et d'intensité, destinées à muscler votre cœur et à améliorer vos capacités. Le must ? Il a été prouvé que ces sports cardio sont de parfaits antidépresseurs naturels ! Voici donc quelques séances cardio à intégrer dans votre planning chaque semaine pour booster votre forme, mais aussi votre good mood !

Prouvé par la science !

Des chercheurs américains ont réalisé une étude comparative du traitement de la dépression par le running et par un antidépresseur reconnu. Après 4 mois de traitement, les patients des 2 groupes se portent aussi bien l'un que l'autre : le médicament n'a donc aucun avantage par rapport à une pratique régulière de sport. Même en ajoutant le médicament au sport, cela ne change rien. Mais 1 an après, plus d'un tiers des patients soignés aux médicaments ont rechuté, alors que 92 % de ceux soignés au running se portaient encore très bien. La plupart avaient continué leurs 3 séances de 20 minutes de sport par semaine au-delà du traitement. Mieux encore, une autre étude a révélé que, avec 3 marches actives de 30 minutes par semaine, des patients sortaient de la dépression aussi bien qu'avec un antidépresseur.

Ces sports cardio antidéprime

- La marche active (entre 6 et 8 km/h, en extérieur, sur un stepper ou sur tapis roulant)
- Le running (course à pied, en extérieur ou sur tapis roulant)
- Le vélo (en extérieur ou en salle, biking, RPM, vélo elliptique…)
- La natation (brasse, crawl, dos, avec ou sans palmes, avec ou sans planche…)
- La corde à sauter (pieds joints, pieds alternés, sur une jambe, montée de genoux, talons fesses…)
- Le trampoline (rebonds simples, rebonds squats, montées de genoux, fentes sautées, jumping jack…)
- Le rameur (sur un appareil en salle ou en pratiquant de l'aviron en pleine nature)
- Les cours collectifs de fitness (Body attack, LIA, step, Mills Grit…)
- Les cours collectifs de danse (Zumba, Sh'Bam, Body Jam, Mouv'K, danse africaine, salsa…)
- La boxe (boxe anglaise, française, américaine, thaï, shadow boxe pour mincir, kick boxing, body combat…)
- Le roller (roller acrobatique, artistique, course, rando, roller in line hockey…)
- Le HIIT (succession de burpees, jumping jack, pompes, planches, squats, abdos crunch, spint sur place…)
- Le CrossFit conditioning (alternance de running, biking, rameur, SkiErg, burpees…)
- Le ski de fond (randonnée à ski de fond ou à raquettes sur la neige)

Les petits conseils pour vos séances cardio

Pour être vraiment efficaces, les sports cardio nécessitent d'être pratiqués régulièrement, en se donnant des objectifs progressifs. Veillez aussi à ne pas dépasser votre fréquence cardiaque maximale (FCM) conseillée à l'effort. Pour la calculer, déduisez votre âge de 220 (si vous avez 30 ans, vous ne devez pas dépasser votre FCM de 190 battements de cœur par minute). La zone d'entraînement optimal correspond à 60 à 80 % de votre FCM. Et prévoyez toujours un temps de récupération au ralenti pour terminer vos séances cardio.

Nombre de séances : 2 ou 3 par semaine
Durée : 20 à 45 minutes par séance

Mes trackers

Dans votre tableau Tackers du mois (p. 100), notez votre objectif du mois :

- Séance de sport cardio

Et faites votre suivi chaque jour !

Mon tracker mois 2 : positive attitude

En premier lieu, notez dans ce tableau vos objectifs perso déterminés par votre plan d'action pensée positive (p. 92), vos objectifs slow life (p. 96), vos objectifs de food positive (p. 97) et enfin ceux de training positif (p. 98). Puis remplissez chaque jour la case selon la légende. Vous pouvez ainsi faire votre suivi tout au long du mois pour savoir si vous avez bien tenu vos bonnes résolutions positives : c'est motivant de voir tous les trackers coloriés et ça fait une piqûre de rappel quand peu de trackers le sont.

	1	2	3	4	5	6	7	8	9	10	11	12

Objectif atteint ! | Objectif presque atteint | Objectif non atteint

13	14	15	16	17	18	19	20	21	22	23	24	25	26	27	28	29	30	31

Semaine 5

MON AGENDA FEEL GOOD

Pensez à bien noter dans votre agenda tout ce qui vous aidera à mieux vous organiser cette semaine :

- vos séances de training cardio
- vos courses food positive
- vos temps slow people pour booster vos relations
- vos temps slow job pour vous épanouir au travail
- vos rendez-vous qui contribuent à votre mood positif

Jour	Date		
LUN	....	.....h.... : ....h.... : ....h.... :	.....h.... : ....h.... : ....h.... : ....
MA	....	.....h.... : ....h.... : ....h.... :	.....h.... : ....h.... : ....h.... : ....
MER	....	.....h.... : ....h.... : ....h.... :	.....h.... : ....h.... : ....h.... : ....
JEU	....	.....h.... : ....h.... : ....h.... :	.....h.... : ....h.... : ....h.... : ....
VEN	....	.....h.... : ....h.... : ....h.... :	.....h.... : ....h.... : ....h.... : ....
SA	....	.....h.... : ....h.... : ....h.... :	.....h.... : ....h.... : ....h.... : ....
DIM	....	.....h.... : ....h.... : ....h.... :	.....h.... : ....h.... : ....h.... : ....

MON INTENTION POSITIVE DE LA SEMAINE

Alors, dans quel mood positif voulez-vous particulièrement vous sentir cette semaine ? Entourez ce qui correspond le mieux à votre intention positive personnelle pour la semaine :

Cette semaine je vais me sentir

INSPIRANTE

Efficace

AUTHENTIQUE

Confiante

OPTIMISTE

PASSIONNÉE

Calme

DÉTENDUE

PRÉSENTE

Fière

Sereine

ÉMERVEILLÉE

ENTHOUSIASTE

INSPIRÉE

Déterminée

PAISIBLE

Disponible

CRÉATIVE

COURAGEUSE

PLEINE D'AMOUR

CURIEUSE

ALIGNÉE

Rayonnante

EXCITÉE

Reconnaissante

ADMIRATIVE

ORGANISÉE

AUDACIEUSE

TRANQUILLE

LIBRE

Joyeuse

COMPLICE

PLEINE D'ESPOIR

GÉNÉREUSE

AMUSANTE

Dynamique

AUTRE : ....

LUNDI

POSITIVE MINDSET

L'intention positive du matin

Durant le premier mois, vous avez posé chaque lundi l'intention d'une énergie positive pour la semaine. Ce mois-ci, posez donc une intention positive chaque matin au réveil pour décider de l'énergie de la journée. Et variez les intentions chaque jour, pour une vie riche en émotions positives variées.

MOTIVATION

Je passe doucement au niveau supérieur

Vous avez aussi pris l'habitude de planifier vos séances feel good chaque semaine dans votre agenda, c'est parfait ! Mais que diriez-vous d'augmenter un peu la fréquence de vos moments de plaisir ? À partir de maintenant, programmez au moins 2 moments par jour rien que pour vous et votre bien-être !

DÉFI POSITIF

Challenge marche rapide

Pour commencer en douceur, débutez donc par une séance de marche rapide de 20 à 30 minutes. En marchant à un rythme légèrement soutenu, vous allez travailler le souffle, l'endurance et presque tous les muscles du corps.

FEEL GOOD

L'huile essentielle d'orange douce

Retrouvez joie et optimisme avec l'huile essentielle d'orange douce. Mettez-en une goutte sur le poignet et respirez-la profondément. Pour vous aider à lâcher prise, à voir le côté positif de la vie et à oser sortir de votre zone de confort, utilisez-la régulièrement en diffusion.

MES TRACKERS

Optimisme									☺
Confiance en soi									☺
Slow job									☺
Slow people									☺
Superaliments									☺
Cardio									☺

NOTES

-
-
-
-
-
-
-

Mes 3 bonheurs du jour

1. ....
2. ....
3. ....

Mes 3 objectifs positifs pour demain

1. ....
2. ....
3. ....

MARDI

DÉFI POSITIF

Les superaliments happiness

Relisez la liste p. 98 et surlignez tous les superaliments que vous aimez déjà et soulignez ceux que vous allez pouvoir goûter. Chaque jour, mangez au moins 3 superaliments que vous aimez, et goûtez-en au moins 3 nouveaux par semaine !

MOTIVATION

Oups ! Je me sens égocentrique

Une partie de vous se demande si toute cette démarche n'est pas un peu égocentrique. Rassurez-vous. Au contraire, plus vous serez positive, plus vous pourrez contribuer à un monde plus positif !

FEEL GOOD

Les vidéos inspirantes

Quand vous avez besoin d'un petit coup de boost, accordez-vous quelques minutes devant des vidéos de motivation ! Il en existe des centaines, avec des musiques, des textes et des voix motivantes ou bien des témoignages de vie inspirants, comme celles des chaînes de David Laroche, Franck Nicolas ou Brut.

POSITIVE MINDSET

Les objectifs SMARTER

Les personnes les plus épanouies ont toujours des projets plein la tête qui, pour réussir, respectent les règles SMARTER (spécifiques, mesurables, accessibles, réalistes, temporairement définis, enthousiasmants et réadaptables). Par exemple, ne cherchez pas juste à être plus joyeuse, mais à vous réveiller au moins 6 matins par semaine avec le sourire.

NOTES

-
-
-
-
-
-
-

MES TRACKERS

Optimisme	☺
Confiance en soi	☺
Slow job	☺
Slow people	☺
Superaliments	☺
Cardio	☺

Mes 3 bonheurs du jour

1. ....
2. ....
3. ....

Mes 3 objectifs positifs pour demain

1. ....
2. ....
3. ....

MERCREDI

POSITIVE MINDSET

Les mots positifs

Les mots que vous utilisez influencent aussi votre état d'esprit! Bannissez les termes négatifs de votre vocabulaire : remplacez «échouer» par «ne pas réussir», «fatiguée» par «pas en pleine forme», «nulle» par «pas encore capable de...».

DÉFI POSITIF

Mon bracelet de l'optimisme

Trouvez ou offrez-vous un bracelet que vous pourrez facilement passer d'un poignet à l'autre. À chaque fois que vous vous surprendrez à réagir de façon pessimiste, changez votre bracelet de poignet. Votre objectif : rester 21 jours avec le bracelet au même bras!

FEEL GOOD

Smiley intérieur

Avant de passer à l'action sur un projet qui vous tient à cœur, boostez votre optimisme avec le rituel du smiley intérieur : redressez-vous, fermez les yeux, prenez une profonde inspiration et imaginez un smiley souriant en vous, qui grandit doucement à chaque inspiration. Action!

MOTIVATION

Aïe! Un imprévu

Votre planning est au top, vous êtes hypermotivée, mais... votre voiture tombe en panne, vous tombez malade... À chaque imprévu, pensez à des phrases comme «Personne n'est mort, tout va bien», ou, mieux encore, posez des questions comme «Comment je peux en faire un moment sympa?»

MES TRACKERS

Optimisme									☺
Confiance en soi									☺
Slow job									☺
Slow people									☺
Superaliments									☺
Cardio									☺

NOTES

-
-
-
-
-
-
-

Mes 3 bonheurs du jour

1. ....
2. ....
3. ....

Mes 3 objectifs positifs pour demain

1. ....
2. ....
3. ....

JEUDI

FEEL GOOD

La boîte à messages positifs

Prenez un tas de petits papiers et écrivez un message positif sur chacun : une citation, un compliment, une blague, un mot d'amour… Trouvez une jolie boîte ou décorez-en une pour y glisser tous vos papiers. Chaque matin, tirez au hasard un message pour illuminer votre journée !

DÉFI POSITIF

La douche écossaise

2 ou 3 fois par semaine, prenez une douche écossaise pour améliorer votre circulation sanguine, vous détendre et vous rebooster ! Pour cela, baissez progressivement la température, jusqu'à réussir à tenir 1 à 2 minutes sous l'eau froide. Puis remontez la température doucement et recommencez 1 à 2 fois.

POSITIVE MINDSET

Le droit à l'imperfection

Chercher à vous améliorer, oui, mais ne cherchez pas à être parfaite ! Pas besoin d'être parfaite pour être heureuse. Écrivez donc dans vos notes du jour ce nouveau mantra « Bye bye la perfection ! », à vous répéter dès que votre perfectionnisme pointera le bout de son nez.

MOTIVATION

Bonne humeur contagieuse

Vous sentez à quel point cette positive attitude est porteuse de légèreté, de simplicité et de joie ! Ce n'est pas magique, c'est juste génial ! Et ce qui l'est encore plus, c'est que c'est contagieux ! Votre sourire donne envie aux autres d'en faire autant, alors continuez à rayonner !

NOTES

-
-
-
-
-
-
-

MES TRACKERS

Optimisme									☺
Confiance en soi									☺
Slow job									☺
Slow people									☺
Superaliments									☺
Cardio									☺

Mes 3 bonheurs du jour

1. ……………………………
2. ……………………………
3. ……………………………

Mes 3 objectifs positifs pour demain

1. ……………………………
2. ……………………………
3. ……………………………

VENDREDI

POSITIVE MINDSET

Les opportunités cachées

Avec le recul, il est possible de trouver une opportunité cachée derrière chaque conflit, chaque obstacle et chaque difficulté : c'est la force de la résilience. Les épreuves deviennent moins intenses, moins douloureuses et même moins fréquentes. Quelle est votre dernière difficulté ? Que vous a-t-elle appris (sur vous) ?

MOTIVATION

SOS ! Pessimisme des médias

Pas toujours facile de garder la positive attitude face au pessimisme véhiculé par les médias. Faites donc une petite digital détox pendant quelques jours ! Et profitez de ce qu'il se passe autour de vous en ce moment !

FEEL GOOD

De la lumière dans votre vie

Le manque de lumière est un facteur de stress, alors offrez-vous chaque jour au moins 10 minutes en extérieur, à la lumière du jour. Un excellent moyen de booster votre énergie positive, mais aussi de stimuler votre système immunitaire et d'améliorer votre efficacité !

DÉFI POSITIF

Ecstatic dance

Votre positive attitude repose sur votre capacité à lâcher prise sur votre mental, mais aussi sur votre corps ! L'ecstatic dance est une nouvelle tendance bien-être qui consiste à accéder à une sorte de transe grâce au rythme de la musique et à des mouvements instinctifs. Alors, mettez la musique à fond et… lâchez-vous !

MES TRACKERS

- *Optimisme*
- *Confiance en soi*
- *Slow job*
- *Slow people*
- *Superaliments*
- *Cardio*

NOTES

-
-
-
-
-
-
-

Mes 3 bonheurs du jour

1. ……………………
2. ……………………
3. ……………………

Mes 3 objectifs positifs pour demain

1. ……………………
2. ……………………
3. ……………………

SAMEDI

DÉFI POSITIF

La respiration de la bougie

Prenez une profonde inspiration, et expirez le plus lentement possible, comme si vous essayiez de faire bouger la flamme d'une bougie sans l'éteindre. Musclez votre optimisme en cherchant à chaque expiration à tenir 1 ou 2 secondes de plus ! À vous de trouver les limites de votre propre souffle, de votre propre optimisme…

MOTIVATION

Je me sens rayonnante !

Les effets du programme commencent à se ressentir aussi au niveau de votre entourage ? Sans même le vouloir, en adoptant votre positive attitude, vous avez sans doute déjà influencé certaines personnes. Prenez le temps d'observer les autres et félicitez-les pour leur évolution positive !

FEEL GOOD

10 minutes par jour de lecture positive

Mettez en place un nouveau rituel : 10 minutes de lecture positive (livres de développement personnel, feel good books) par jour. Vous renforcerez ainsi votre positive attitude sans même vous en rendre compte !

POSITIVE MINDSET

Visualisation positive

Prenez une feuille et des feutres et mettez une musique stimulante. Remplissez cette feuille le temps de la musique avec tout ce que vous imaginez de meilleur pour votre avenir dans tous vos domaines de vie (p. 18). Visualisez, écrivez, dessinez, illustrez… Et remplissez cette feuille !

NOTES

-
-
-
-
-
-
-

MES TRACKERS

Optimisme									☺
Confiance en soi									☺
Slow job									☺
Slow people									☺
Superaliments									☺
Cardio									☺

Mes 3 bonheurs du jour

1. ……………………………
2. ……………………………
3. ……………………………

Mes 3 objectifs positifs pour demain

1. ……………………………
2. ……………………………
3. ……………………………

DIMANCHE

POSITIVE MINDSET

Optimisme ++

Lisez le mantra du jour : « Je garde espoir en l'avenir ». Puis réécrivez-le dans vos notes en bas de page et encore dans votre Carnet positif. Pourquoi ne pas le noter aussi sur un grand et joli galet (et décorez-le) pour vous créer une pierre personnalisée de réactivation de votre espoir ?

MOTIVATION

Merci d'avance

Vous progressez de jour en jour sur le chemin de la positive attitude et vous pouvez non seulement être fière, mais aussi vous remercier de vous donner les moyens d'y parvenir. En grande optimiste que vous devenez, remerciez-vous d'avance pour tout ce que vous allez continuer à faire dans ce sens !

FEEL GOOD

Le pouvoir de la citrine

En litothérapie, la citrine est une pierre favorisant l'optimisme et aidant à transformer les pensées négatives en pensées positives. En pierre roulée ou en bijou, ayez toujours une citrine à portée de main. Vous pouvez ancrer vos intentions en elle : fermez les yeux, pensez fort à votre intention et faites-la passer dans la pierre.

DÉFI POSITIF

Méditation de l'espoir

Prenez 3 profondes respirations et fermez les yeux. Puis concentrez-vous sur vos souhaits d'un bel avenir, pour vous, pour vos proches et pour le monde… Respirez… Concentrez-vous sur ce que cela provoque en vous… Rouvrez doucement les yeux et appréciez les bienfaits de cette séance.

MES TRACKERS

Optimisme									☺
Confiance en soi									☺
Slow job									☺
Slow people									☺
Superaliments									☺
Cardio									☺

NOTES

- ______
- ______
- ______
- ______
- ______
- ______
- ______

Mes 3 bonheurs du jour

1. ....
2. ....
3. ....

Mes 3 objectifs positifs pour demain

1. ....
2. ....
3. ....

Mon bilan semaine 5

Mes belles réussites	Mes axes de progression	Niveau bien-être, comment je me suis sentie ?

Satisfaction de mon niveau de slow life : PEUT MIEUX FAIRE ! ◎ ◎ ◎ ◎ ◎ ◎ ◎ ◎ ◎ ◎ AU TOP !

Satisfaction de mon niveau de food positive : PEUT MIEUX FAIRE ! AU TOP !

Satisfaction de mon niveau de training positif : PEUT MIEUX FAIRE ! AU TOP !

Comment j'ai géré ma pensée positive cette semaine ? PEUT MIEUX FAIRE ! ☆ ☆ ☆ ☆ ☆ ☆ ☆ ☆ ☆ ☆ AU TOP !

Ce qui m'a aidée…	Ce qui m'a freinée…	Ce que je peux faire la semaine prochaine pour progresser…

Cette semaine, vous avez enclenché la vitesse supérieure : tous les moyens sont bons pour booster votre optimisme ! Certaines pratiques sont peut-être loin de vos habitudes, et vous pouvez être un peu déstabilisée, mais au fond de vous, vous sentez que c'est bénéfique pour vous et vous en ressentez déjà probablement les bénéfices ! Pensez à toujours bien noter vos bonheurs quotidiens et à vous fixer des bons objectifs pour le lendemain. Bientôt, cette nouvelle façon de penser et de vivre deviendra naturelle pour vous !

Semaine 6

MON AGENDA FEEL GOOD

Pensez à bien noter dans votre agenda tout ce qui vous aidera à mieux vous organiser cette semaine :

- vos séances de training cardio
- vos courses food positive
- vos temps slow people pour booster vos relations
- vos temps slow job pour vous épanouir au travail
- vos rendez-vous qui contribuent à votre mood positif

LUN	....	.....h.... :	.....h.... : ....
		.....h.... :	.....h.... : ....
		.....h.... :	.....h.... : ....
MA	....	.....h.... :	.....h.... : ....
		.....h.... :	.....h.... : ....
		.....h.... :	.....h.... : ....
MER	....	.....h.... :	.....h.... : ....
		.....h.... :	.....h.... : ....
		.....h.... :	.....h.... : ....
JEU	....	.....h.... :	.....h.... : ....
		.....h.... :	.....h.... : ....
		.....h.... :	.....h.... : ....
VEN	....	.....h.... :	.....h.... : ....
		.....h.... :	.....h.... : ....
		.....h.... :	.....h.... : ....
SA	....	.....h.... :	.....h.... : ....
		.....h.... :	.....h.... : ....
		.....h.... :	.....h.... : ....
DIM	....	.....h.... :	.....h.... : ....
		.....h.... :	.....h.... : ....
		.....h.... :	.....h.... : ....

MON INTENTION POSITIVE DE LA SEMAINE

Alors, dans quel mood positif voulez-vous particulièrement vous sentir cette semaine ? Entourez ce qui correspond le mieux à votre intention positive personnelle pour la semaine :

Cette semaine je vais me sentir

Inspirante

Efficace

Authentique

Passionnée

Confiante

Optimiste

Calme

Détendue

Présente

Fière

Sereine

Enthousiaste

Émerveillée

Inspirée

Paisible

Déterminée

Disponible

Courageuse

Créative

Pleine d'amour

Curieuse

Alignée

Rayonnante

Excitée

Reconnaissante

Admirative

Organisée

Audacieuse

Tranquille

Libre

Joyeuse

Complice

Pleine d'espoir

Généreuse

Amusante

Dynamique

Autre : ....

LUNDI

POSITIVE MINDSET

Un débat entre amis

Entraînez-vous à défendre vos points de vue en lançant un petit débat entre potes. Par exemple : « L'avenir sera-t-il végétarien ? » ou « Comment établir une nouvelle culture littéraire montrant l'équilibre dans les relations homme-femme ? » Ne cherchez pas à convaincre ou à avoir raison, mais à partager vos arguments et à comprendre ceux des autres.

FEEL GOOD

Les élixirs floraux de la confiance en soi

Les élixirs floraux sont de subtils extraits liquides de fleurs. Chacun porte une qualité liée à l'espèce florale dont il est issu. Pour booster votre confiance, prenez 3 goutes d'élixir de bouton d'or dans un demi-verre d'eau, à raison de 4 fois par jour entre les repas pendant quelques jours.

DÉFI POSITIF

DIY masque cheveux

Mélangez 1 c. à c. de jus de citron, 2 c. à s. de miel et 2 c. à s. d'eau tiède, puis appliquez le mélange mèche par mèche. Laissez poser 30 minutes et rincez. Un masque pour détoxifier vos cheveux, leur rendre de l'énergie, et vous donner de la confiance en vous !

MOTIVATION

Go ! J'ose sortir de ma zone de confort

Allez, vous pouvez le faire ! Sortir de votre zone de confort ne signifie pas renier ce que vous êtes, c'est exprimer les parties de vous les plus authentiques et les plus profondes, en vous donnant les moyens de faire de nouvelles expériences. Osez tester ce qui va vous rendre heureuse !

MES TRACKERS

- Optimisme ☐☐☐☐☐☐☐☐ ☺
- Confiance en soi ☐☐☐☐☐☐☐☐ ☺
- Slow job ☐☐☐☐☐☐☐☐ ☺
- Slow people ☐☐☐☐☐☐☐☐ ☺
- Superaliments ☐☐☐☐☐☐☐☐ ☺
- Cardio ☐☐☐☐☐☐☐☐ ☺

NOTES

- ______
- ______
- ______
- ______
- ______
- ______
- ______

Mes 3 bonheurs du jour

1. ....
2. ....
3. ....

Mes 3 objectifs positifs pour demain

1. ....
2. ....
3. ....

MARDI

FEEL GOOD

La respiration de la confiance

Inspirez en gonflant le ventre, retenez votre souffle, puis expirez en laissant le ventre se rentrer naturellement. Continuez cette respiration abdominale plusieurs minutes, en répétant mentalement à chaque inspiration le mot « confiance », et en imaginant à chaque expiration que cette confiance se diffuse partout dans votre corps.

POSITIVE MINDSET

Mes expériences de flow

Certaines activités vous proposent un challenge à la hauteur de vos compétences et vous passionnent, au point que vous êtes totalement absorbée par ce que vous faites : vous vous sentez alors au top de votre performance, vous vivez des moments de flow. Listez les activités qui vous mettent dans cet état de flow : certains sports, certaines activités créatives, pro ou spirituelles…

DÉFI POSITIF

La corde à sauter

Réglez la corde à votre taille : un pied placé au milieu de la corde, les poignées doivent arriver à vos épaules. Faites de petites séances fractionnées (30 secondes de saut, 30 secondes de récup), le tout durant 15 à 20 minutes en variant les exos : pieds joints, sur un pied, pieds croisés, genoux remontés…

MOTIVATION

J'ai peur de ne pas y arriver…

Ce n'est pas l'envie qui vous manque d'oser les nouvelles expériences, mais cela vous fait peur en même temps ? C'est normal ! C'est justement cette peur qui vous permet de vous sentir encore plus fière de vous quand vous atteignez vos objectifs.

NOTES

-
-
-
-
-
-
-

MES TRACKERS

Optimisme										☺
Confiance en soi										☺
Slow job										☺
Slow people										☺
Superaliments										☺
Cardio										☺

Mes 3 bonheurs du jour

1. ……………………
2. ……………………
3. ……………………

Mes 3 objectifs positifs pour demain

1. ……………………
2. ……………………
3. ……………………

MERCREDI

DÉFI POSITIF

La douche imaginaire

La sophrologie vous invite à positiver en évacuant votre stress et en dynamisant votre confiance en vous à l'aide d'une douche imaginaire. Imaginez que vous êtes sous le jet d'une douche, frottez vos mains recouvertes d'un savon au délicieux parfum, et frottez une à une toutes les parties de votre corps.

POSITIVE MINDSET

Le fil doré des 2 millimètres

Imaginez un joli fil doré accroché à votre sternum, le point central juste sous votre poitrine. Ce fil tiré vers le ciel élève votre sternum de 2 millimètres, redressant d'un coup tout votre corps en une posture qui inspire la confiance.

FEEL GOOD

Un smoothie bonne humeur

Coupez ½ banane, mettez-la dans un blender et ajoutez 2 c. à c. de spiruline en paillettes, 1 de beurre de cacahuètes, 1 de graines de chia, ½ de cannelle en poudre et 250 ml de lait d'avoine. Mixez jusqu'à obtenir un supersmoothie onctueux et vitaminé.

MOTIVATION

Aïe ! Une erreur

Rappelez-vous, personne n'est parfait, et tout le monde a le droit à l'erreur. Vous testez des recettes de superfood, mais le résultat est catastrophique ? OK, vous ferez mieux la prochaine fois ! Vous apprendrez toujours de vos erreurs, elles seront toujours là pour vous aider à vous améliorer encore et encore. Alors haut les cœurs !

MES TRACKERS

Optimisme										☺
Confiance en soi										☺
Slow job										☺
Slow people										☺
Superaliments										☺
Cardio										☺

NOTES

- ....
- ....
- ....
- ....
- ....
- ....

Mes 3 bonheurs du jour

1. ....
2. ....
3. ....

Mes 3 objectifs positifs pour demain

1. ....
2. ....
3. ....

JEUDI

MOTIVATION
J'évolue

Les jours et les semaines passent, et vous voyez les réponses à vos trackers évoluer, vous constatez que vos pensées négatives se font de plus en plus rares ou de moins en moins intenses. Bravo ! Continuez à vous réjouir de votre évolution, rappelez-vous, chaque petit progrès compte !

FEEL GOOD
La bulle de confiance

Lorsque vous êtes confrontée à une situation déstabilisante, imaginez une bulle qui vous entoure, transparente, peut-être légèrement colorée… Cette bulle ne laisse entrer que la force et la lumière, elle se remplit ainsi, vous protégeant et vous donnant le courage d'avancer.

DÉFI POSITIF
Un nouveau chemin

Sortir de votre confort, c'est aussi oser tester de nouveaux moyens de faire des choses habituelles : prenez par exemple aujourd'hui un nouveau chemin pour vous rendre où vous avez l'habitude d'aller. Et soyez à l'affût des opportunités que vous offre ce nouveau chemin !

POSITIVE MINDSET
La phrase qui m'a le plus aidée

Un jour, une personne vous a dit une phrase qui vous a marquée à jamais… Une phrase qui vous a fait comme un électrochoc, un déclic qui vous a donné une nouvelle vision des choses, de vous-même peut-être. Notez-la dans votre Carnet positif.

NOTES

- ______
- ______
- ______
- ______
- ______
- ______
- ______

MES TRACKERS

Optimisme	☐☐☐☐☐☐☐☐ ☺
Confiance en soi	☐☐☐☐☐☐☐☐ ☺
Slow job	☐☐☐☐☐☐☐☐ ☺
Slow people	☐☐☐☐☐☐☐☐ ☺
Superaliments	☐☐☐☐☐☐☐☐ ☺
Cardio	☐☐☐☐☐☐☐☐ ☺

Mes 3 bonheurs du jour

1. ……………………
2. ……………………
3. ……………………

Mes 3 objectifs positifs pour demain

1. ……………………
2. ……………………
3. ……………………

VENDREDI

MOTIVATION

SOS ! Ils ne m'aiment pas

Vous changez et vous en êtes ravie, mais… cela ne semble pas plaire à tout le monde. Rassurez-vous, la résistance au changement est fréquente, mais tout le monde finit par s'adapter et par apprécier la nouveauté. Laissez aux autres le temps de s'adapter à vos changements, mais surtout continuez à évoluer !

FEEL GOOD

Le cercle d'excellence

L'objectif du cercle d'excellence est d'activer instantanément votre assurance en toute circonstance. Imaginez un cercle devant vous, entrez dedans et repensez à un moment d'extrême confiance que vous avez vécu. Laissez-vous envahir par cette assurance et ressortez du cercle avec elle, pour vous en servir maintenant.

DÉFI POSITIF

Le superthé vert

La thé vert est un puissant antioxydant qui active votre métabolisme, baisse le taux de cholestérol dans le sang, stimule le brûlage des graisses et améliore la vitalité et la performance sportive. Laissez infuser 2 minutes dans une eau à 70 °C, et appréciez-le. De 3 à 6 tasses par jour.

POSITIVE MINDSET

Si j'osais

Prenez votre Carnet positif et notez en haut d'une page « Si j'osais… », puis complétez par autant de propositions que possible. Que feriez-vous de plus, de différent, que diriez-vous, à qui, que changeriez-vous en vous, dans votre vie ? Lâchez-vous, tout est permis !

♡ MES TRACKERS ♡

Optimisme									☺
Confiance en soi									☺
Slow job									☺
Slow people									☺
Superaliments									☺
Cardio									☺

NOTES

-
-
-
-
-
-
-

Mes 3 bonheurs du jour

1. ……………………………
2. ……………………………
3. ……………………………

Mes 3 objectifs positifs pour demain

1. ……………………………
2. ……………………………
3. ……………………………

SAMEDI

FEEL GOOD

Sophro-relaxation des éventails

Pour vous libérer de vos tensions, inspirez en levant vos bras à l'horizontale devant vous, bloquez votre respiration en remuant vos mains comme pour lâcher le négatif à mesure que vos mains reviennent vers votre poitrine. Expirez en laissant vos bras redescendre le long de votre corps. Recommencez 2 fois.

MOTIVATION

Fière de moi !

Vous avez réussi à accomplir de belles choses pour évoluer dans vos domaines de vie, et vous êtes fière de vous ? Appréciez ce sentiment d'accomplissement personnel, sans chercher à être reconnue pour cela. Prenez simplement conscience des bienfaits de ce sentiment sur votre moral et sur votre estime de vous-même !

DÉFI POSITIF

Be generous !

Le bénévolat est bon pour le moral : on est fier d'être utile et de faire une bonne action. Offrez 1 heure ou 2 chaque semaine et boostez votre positive attitude en la partageant au sein d'une association qui vous tient à cœur (pour les animaux, la nature… cherchez selon vos compétences ou vos centres d'intérêt !).

POSITIVE MINDSET

Ces personnalités qui ont osé

Quelles sont ces personnes connues qui vous inspirent par leur courage et leur audace ? Fermez les yeux et imaginez-vous quelques instants dans la peau de l'une d'entre elles. Prenez sa posture, puisez de sa force et rouvrez les yeux pour reprendre le cours de vos activités avec beaucoup plus d'assurance.

NOTES

-
-
-
-
-
-
-

MES TRACKERS

Optimisme									☺
Confiance en soi									☺
Slow job									☺
Slow people									☺
Superaliments									☺
Cardio									☺

Mes 3 bonheurs du jour

1. ....
2. ....
3. ....

Mes 3 objectifs positifs pour demain

1. ....
2. ....
3. ....

DIMANCHE

MOTIVATION

Merci à la force qui vit en moi

La force est en vous, vous commencez à bien le comprendre. Prenez-en soin, et pensez à la remercier pour tout ce qu'elle vous permet d'accomplir. Exprimez-lui votre profonde gratitude comme s'il s'agissait d'une personne, cela ne la rendra que plus forte encore (et vous aussi par la même occasion !).

DÉFI POSITIF

Méditation de la confiance

Prenez 3 profondes respirations et fermez les yeux. Puis repensez à un moment durant lequel vous aviez pleinement confiance en vous, revivez cette scène comme si vous y étiez… Respirez… Concentrez-vous sur ce que cela provoque en vous… Rouvrez doucement les yeux et appréciez quelques instants les bienfaits de cette séance.

FEEL GOOD

Mon gri-gri de la confiance en soi

Un gri-gri est un objet précieux pour vous, qui vous apporte du courage, de la force, de la bonne humeur… ou tout ça en même temps ! Un bijou, un bracelet, un vêtement, un accessoire, un attrape-rêve, un doudou… Choisissez bien votre gri-gri et portez-le quotidiennement !

POSITIVE MINDSET

Mon mantra du jour

Lisez le mantra du jour : « Je deviens une meilleure version de moi-même ». Puis réécrivez-le dans vos notes en bas de page et encore dans votre Carnet positif, et aussi en fond d'écran de votre ordinateur ou de votre smartphone !

MES TRACKERS

Optimisme	☐☐☐☐☐☐☐☐	☺
Confiance en soi	☐☐☐☐☐☐☐☐	☺
Slow job	☐☐☐☐☐☐☐☐	☺
Slow people	☐☐☐☐☐☐☐☐	☺
Superaliments	☐☐☐☐☐☐☐☐	☺
Cardio	☐☐☐☐☐☐☐☐	☺

NOTES

- ……
- ……
- ……
- ……
- ……
- ……

Mes 3 bonheurs du jour

1. ……
2. ……
3. ……

Mes 3 objectifs positifs pour demain

1. ……
2. ……
3. ……

Mon bilan semaine 6

Mes belles réussites	Mes axes de progression	Niveau bien-être, comment je me suis sentie ?
....	....	....
....	....	....
....	....	....
....	....	....
....	....	....
....	....	....

Satisfaction de mon niveau de slow life : PEUT MIEUX FAIRE ! ◎ ◎ ◎ ◎ ◎ ◎ ◎ ◎ ◎ ◎ AU TOP !

Satisfaction de mon niveau de food positive : PEUT MIEUX FAIRE ! AU TOP !

Satisfaction de mon niveau de training positif : PEUT MIEUX FAIRE ! AU TOP !

Comment j'ai géré ma pensée positive cette semaine ? PEUT MIEUX FAIRE ! ☆ ☆ ☆ ☆ ☆ ☆ ☆ ☆ ☆ ☆ AU TOP !

Ce qui m'a aidée…	Ce qui m'a freinée…	Ce que je peux faire la semaine prochaine pour progresser…
....	....	....
....	....	....
....	....	....
....	....	....
....	....	....
....	....	....

Vous poursuivez votre objectif positive attitude et vous en voyez petit à petit les résultats sur votre humeur, mais aussi sur vos décisions, sur vos habitudes et même sur vos relations. C'est génial, non ? Vous vous sentez déjà peut-être plus confiante, mais ce n'est pas toujours facile pour autant et peut-être même que certaines pratiques ne vous plaisent pas forcément. C'est bien normal ! Le but cette semaine était d'expérimenter de nombreuses techniques renforçant votre confiance en vous. Restez en mode focus positif et retenez particulièrement les pratiques positives qui vous conviennent le mieux !

Semaine 7

MON AGENDA FEEL GOOD

Pensez à bien noter dans votre agenda tout ce qui vous aidera à mieux vous organiser cette semaine :

- vos séances de training cardio
- vos courses food positive
- vos temps slow people pour booster vos relations
- vos temps slow job pour vous épanouir au travail
- vos rendez-vous qui contribuent à votre mood positif

LUN	....h.... :	....h.... : ....
	....h.... :	....h.... : ....
	....h.... :	....h.... : ....
MA	....h.... :	....h.... : ....
	....h.... :	....h.... : ....
	....h.... :	....h.... : ....
MER	....h.... :	....h.... : ....
	....h.... :	....h.... : ....
	....h.... :	....h.... : ....
JEU	....h.... :	....h.... : ....
	....h.... :	....h.... : ....
	....h.... :	....h.... : ....
VEN	....h.... :	....h.... : ....
	....h.... :	....h.... : ....
	....h.... :	....h.... : ....
SA	....h.... :	....h.... : ....
	....h.... :	....h.... : ....
	....h.... :	....h.... : ....
DIM	....h.... :	....h.... : ....
	....h.... :	....h.... : ....
	....h.... :	....h.... : ....

MON INTENTION POSITIVE DE LA SEMAINE

Alors, dans quel mood positif voulez-vous particulièrement vous sentir cette semaine ? Entourez ce qui correspond le mieux à votre intention positive personnelle pour la semaine :

Cette semaine je vais me sentir

Inspirante
Efficace
Authentique
Optimiste
Confiante
Calme
Passionnée
Détendue
Présente
Fière
Sereine
Émerveillée
Enthousiaste
Inspirée
Paisible
Déterminée
Disponible
Créative
Courageuse
Pleine d'amour
Curieuse
Alignée
Rayonnante
Excitée
Reconnaissante
Admirative
Organisée
Audacieuse
Tranquille
Libre
Joyeuse
Complice
Pleine d'espoir
Généreuse
Amusante
Dynamique
Autre : ....

LUNDI

DÉFI POSITIF

Offrir un cadeau sans raison

Offrir un cadeau provoque un sentiment de bien-être, de satisfaction et de fierté, mais uniquement quand il s'agit d'un geste désintéressé et sans attente en retour, dans le seul but de faire plaisir. Aujourd'hui, offrez sans raison un petit cadeau (croissant, fleur, joli marque-page…) à une personne qui vous est chère !

FEEL GOOD

Le bisou du matin

Les bisous, c'est bon pour la santé et pour le moral ! En commençant chaque journée avec un bisou à votre amoureux, à vos enfants, à vos colocs et même à votre chat, vous vous offrez un shoot d'hormones de bonne humeur pour bien démarrer la journée !

POSITIVE MINDSET

Je choisis ma vie

Pour chaque décision du quotidien (Quelle tenue mettre ?) ou de votre vie (Dans quelle ville m'installer ?), agissez selon vos besoins et vos valeurs, et pas par devoir, pour convenir aux attentes des autres, obtenir une récompense ou éviter une sanction. Transformez vos « Je dois » en « Je choisis de… » !

MOTIVATION

Je m'entoure de personnes positives

Une étude a démontré que le principal facteur de bien-être dans la durée est le lien social. Mais pas n'importe lequel : les relations positives, celles qui vous tirent vers le haut ! Ne soyez pas passive dans vos relations, agissez et entourez-vous de personnes positives chaque jour !

MES TRACKERS

Optimisme									☺
Confiance en soi									☺
Slow job									☺
Slow people									☺
Superaliments									☺
Cardio									☺

NOTES

-
-
-
-
-
-
-

Mes 3 bonheurs du jour

1. ……………………
2. ……………………
3. ……………………

Mes 3 objectifs positifs pour demain

1. ……………………
2. ……………………
3. ……………………

MARDI

FEEL GOOD

Une belle déclaration d'amour

Vous sentir aimée est l'une des plus belles émotions que vous pouvez ressentir… Fermez les yeux et rappelez-vous une jolie déclaration d'amour qu'on vous a faite… Revivez ce moment comme si vous y étiez et laissez-vous envahir par tout cet amour…

DÉFI POSITIF

Sourire à un inconnu

Le sourire est communicatif… Aujourd'hui, souriez sincèrement à tous ceux que vous rencontrerez et appréciez les bienfaits du cadeau que vous leur offrez et que vous vous offrez à vous-même !

POSITIVE MINDSET

Ma plus belle rencontre

Une simple rencontre peut parfois changer une vie. Quelle est jusqu'à présent la plus belle de vos rencontres, celle qui vous a menée sur le chemin de la positive attitude et du bonheur ? Encadrez une photo de vous deux et accrochez-la au mur de façon à vous remplir de ces bonnes ondes et de vous rappeler de cultiver cette relation.

MOTIVATION

Oups ! Je m'exprime mal

L'envie de prendre soin des autres et de ceux que vous aimez ne vous manque pas, mais vous vous sentez parfois maladroite dans vos propos… Écoutez les autres et soyez présente pour eux, les maladresses se pardonnent facilement si la bonne intention est sincère.

NOTES

-
-
-
-
-
-
-

MES TRACKERS

Optimisme									☺
Confiance en soi									☺
Slow job									☺
Slow people									☺
Superaliments									☺
Cardio									☺

Mes 3 bonheurs du jour

1. ………………………………
2. ………………………………
3. ………………………………

Mes 3 objectifs positifs pour demain

1. ………………………………
2. ………………………………
3. ………………………………

MERCREDI

POSITIVE MINDSET

Mes personnes magiques

Certaines personnes sont douées pour vous écouter, vous redonner le sourire, vous remotiver ou vous stimuler. Ces personnes sont de vraies ressources. Notez dans votre Carnet positif pour chaque situation (besoin de rire, de motivation pour votre training…) le nom d'au moins une personne ressource !

FEEL GOOD

Une cousinade

Retrouver tous les membres de sa famille pour manger, faire la fête, se rappeler des souvenirs d'enfance, prendre des nouvelles, danser et rire ensemble… Une cousinade est un bon moyen d'entretenir les liens familiaux. Aujourd'hui, lancez ce projet pour l'été prochain !

DÉFI POSITIF

Leur dire « je t'aime »

Depuis combien de temps n'avez-vous pas dit « je t'aime » à votre maman, votre papa, votre sœur, vos potes ? De vive voix, par un SMS, un petit mot… Listez toutes les personnes que vous aimez sincèrement et, aujourd'hui, prenez le temps de leur dire que vous les aimez !

MOTIVATION

Aïe ! Une dispute

Aucune relation n'est parfaite, et il est bien normal qu'une dispute puisse éclater de temps à autre, même avec des personnes importantes pour vous. Apprenez à accepter vos différences, à écouter vos besoins respectifs et, peu à peu, ces désaccords vous permettront même de vous connaître de mieux en mieux !

MES TRACKERS

Optimisme									☺
Confiance en soi									☺
Slow job									☺
Slow people									☺
Superaliments									☺
Cardio									☺

NOTES

-
-
-
-
-
-
-

Mes 3 bonheurs du jour

1. ……………………
2. ……………………
3. ……………………

Mes 3 objectifs positifs pour demain

1. ……………………
2. ……………………
3. ……………………

JEUDI

FEEL GOOD

Le bracelet de l'amitié

Certains objets symbolisent nos relations les plus importantes : l'alliance, un bracelet de l'amitié, un bijou ou un objet qui vient de notre mère… Pensez à toutes les relations qui comptent pour vous et demandez-vous pour chacune quel objet représente votre lien unique. Parlez-en avec la personne en question, cela renforcera encore ce lien.

DÉFI POSITIF

Faire des compliments

Les compliments sont importants pour une vie sociale au top : en recevoir est agréable et en donner aussi ! Petit défi du jour : faites au moins un compliment sincère et spontané à 3 personnes différentes ! Petit plus : regardez la personne dans les yeux, c'est encore plus efficace.

MOTIVATION

On s'aime

À force de mettre votre focus sur vos relations positives, vous commencez à en sentir les effets et c'est formidable de vous sentir si bien entourée ! Vous aimez encore plus vos proches et vous vous sentez plus aimée que jamais !

POSITIVE MINDSET

Une clé essentielle pour cultiver l'empathie

Cultivez votre empathie avec vos proches en ayant régulièrement des discussions sur vos émotions respectives, intéressez-vous à leurs ressentis et osez exprimez sincèrement les vôtres, toujours avec bienveillance ! Ne cherchez pas à donner des conseils, à trouver des solutions. Écoutez, intéressez-vous, ce sera parfait !

NOTES

-
-
-
-
-
-
-

MES TRACKERS

Optimisme									☺
Confiance en soi									☺
Slow job									☺
Slow people									☺
Superaliments									☺
Cardio									☺

Mes 3 bonheurs du jour

1. ....
2. ....
3. ....

Mes 3 objectifs positifs pour demain

1. ....
2. ....
3. ....

VENDREDI

MOTIVATION

SOS ! J'ai peur d'être jugée

Vous osez exprimer vos ressentis… Bravo ! Mais une partie de vous se retient encore, car vous avez peur du rejet ou de l'abandon si les autres n'apprécient pas cette nouvelle version de vous-même ? Rassurez-vous, en osant être vous-même, vos relations n'en seront que plus saines et plus solides !

DÉFI POSITIF

Superaliments et superapéro

Ce soir, c'est le week-end ! Invitez du monde ! Préparez un cocktail de jus de fruits frais, des toasts de tapenade bio, des bols de bâtonnets de crudités à tremper dans du houmous ou une sauce blanche citron-basilic, des olives, des fruits secs, des chips de légumes… Hop, un apéro sain et délicieux !

FEEL GOOD

Lettre de gratitude

Lorsque vous pensez aux personnes qui ont eu un impact positif sur votre vie, quelle est celle qui vous vient à l'esprit en premier ? Un enseignant, un proche, un ami ? Prenez le temps d'écrire une lettre de gratitude pour remercier cette personne (à envoyer ou pas, c'est à vous que ça fera du bien).

POSITIVE MINDSET

La communication non violente

Testez le principe OSBD de la communication non violente (observation, sentiment, besoin, demande) : décrivez les faits, exprimez votre ressenti, vos besoins et une demande claire. Vos discussions seront beaucoup plus fluides !

♡ MES TRACKERS ♡

Optimisme	☐☐☐☐☐☐☐☐	☺
Confiance en soi	☐☐☐☐☐☐☐☐	☺
Slow job	☐☐☐☐☐☐☐☐	☺
Slow people	☐☐☐☐☐☐☐☐	☺
Superaliments	☐☐☐☐☐☐☐☐	☺
Cardio	☐☐☐☐☐☐☐☐	☺

NOTES

-
-
-
-
-
-
-

Mes 3 bonheurs du jour

1. …………………………
2. …………………………
3. …………………………

Mes 3 objectifs positifs pour demain

1. …………………………
2. …………………………
3. …………………………

SAMEDI

MOTIVATION

Je booste mes potes

Si vos mentors vous ont tirée vers le haut, vous pouvez en faire autant en inspirant et en aidant vous-même d'autres personnes ! Vous inspirez sans doute déjà quelques personnes sans même le savoir ! N'hésitez pas à proposer votre aide pour en aider d'autres à prendre le chemin de la positive attitude.

DÉFI POSITIF

Une soirée romantique

L'amour s'entretient ! Organisez une soirée romantique inattendue : un dîner dans le bain, avec bougies et bain moussant, une promenade nocturne à la lueur d'une lanterne… Vous êtes célibataire ? Invitez donc votre BFF à la place !

FEEL GOOD

Un câlin à mes amis ou ma famille

Chaque câlin augmente votre production d'ocytocine, l'hormone de l'attachement, qui rend chaque relation unique et profondément attachante. Démontrez donc votre affection à vos proches en leur faisant un petit câlin ! Pas facile, saisissez l'occasion d'une émotion pour que le moment soit sincère.

POSITIVE MINDSET

Mes mentors

Nous nous construisons en nous inspirant de modèles issus de notre entourage ou de la vie publique. Ce sont les personnes que l'on admire et dont nous copions (consciemment ou nous) quelques traits de caractère, un parcours ou des choix de vie. Quels sont vos mentors ? Listez-les, notez en quoi ils vous inspirent, et pensez à eux dès que vous avez besoin de vous remotiver !

NOTES

-
-
-
-
-
-
-

MES TRACKERS

Optimisme									☺
Confiance en soi									☺
Slow job									☺
Slow people									☺
Superaliments									☺
Cardio									☺

Mes 3 bonheurs du jour

1. ....
2. ....
3. ....

Mes 3 objectifs positifs pour demain

1. ....
2. ....
3. ....

DIMANCHE

DÉFI POSITIF

Méditation de la gentillesse

Prenez 3 profondes respirations et fermez les yeux. Puis concentrez-vous sur la gentillesse : la vôtre, celle de vos proches… et même celle des inconnus au grand cœur. Respirez, concentrez-vous sur ce que cela provoque en vous. Rouvrez doucement les yeux et appréciez encore quelques instants les bienfaits de cette séance.

FEEL GOOD

Une supergourmandise

Envie d'un petit plaisir sain et savoureux qui boostera votre positive attitude en ce dimanche ? Mixez une banane coupée en morceaux et congelée, 120 g de myrtilles surgelées, 50 ml de lait d'amande et 1 cuillère à café de poudre d'açaï. Mixez le tout dans un blender jusqu'à obtenir un sorbet !

MOTIVATION

Merci à mes potos

Chacun fait de son mieux, mais vous savez que vous pouvez compter les uns sur les autres. Prenez soin de ces relations et prenez le temps de remercier ces amis de faire partie de votre vie avec un petit SMS de gratitude !

POSITIVE MINDSET

Mon mantra du jour

Lisez le mantra du jour : « J'entretiens mes relations positives ». Puis réécrivez-le dans vos notes en bas de page, dans votre Carnet positif. Vous pouvez aussi vous mettre un rappel hebdomadaire pour penser à prendre régulièrement des nouvelles de vos proches.

MES TRACKERS

Optimisme									☺
Confiance en soi									☺
Slow job									☺
Slow people									☺
Superaliments									☺
Cardio									☺

NOTES

-
-
-
-
-
-
-

Mes 3 bonheurs du jour

1. ……………………
2. ……………………
3. ……………………

Mes 3 objectifs positifs pour demain

1. ……………………
2. ……………………
3. ……………………

Mon bilan semaine 7

Mes belles réussites	Mes axes de progression	Niveau bien-être, comment je me suis sentie ?
....	....	....
....	....	....
....	....	....
....	....	....
....	....	....
....	....	....

Satisfaction de mon niveau de slow life : PEUT MIEUX FAIRE ! ◎ ◎ ◎ ◎ ◎ ◎ ◎ ◎ ◎ ◎ AU TOP !

Satisfaction de mon niveau de food positive : PEUT MIEUX FAIRE ! AU TOP !

Satisfaction de mon niveau de training positif : PEUT MIEUX FAIRE ! AU TOP !

Comment j'ai géré ma pensée positive cette semaine ? PEUT MIEUX FAIRE ! ☆ ☆ ☆ ☆ ☆ ☆ ☆ ☆ ☆ ☆ AU TOP !

Ce qui m'a aidée…	Ce qui m'a freinée…	Ce que je peux faire la semaine prochaine pour progresser…
....	....	....
....	....	....
....	....	....
....	....	....
....	....	....
....	....	....

Et vous voilà arrivée au bout de cette semaine entièrement consacrée à vos relations positives, celles du passé et du présent, vos relations amoureuses, familiales, amicales, et même vos mentors et les gens en général. Votre regard sur votre vie sociale a dû évoluer cette semaine ! Mais vous avez peut-être aussi eu quelques difficultés. Faites toujours de votre mieux ! Ce sera toujours bénéfique. Et même si, au contraire, cela vous a semblé facile et agréable, n'hésitez pas à aller plus loin encore en développant vos compétences relationnelles à l'aide de livres, de conférences ou de formations.

Semaine 8

MON AGENDA FEEL GOOD

Pensez à bien noter dans votre agenda tout ce qui vous aidera à mieux vous organiser cette semaine :

- vos séances de training cardio
- vos courses food positive
- vos temps slow people pour booster vos relations
- vos temps slow job pour vous épanouir au travail
- vos rendez-vous qui contribuent à votre mood positif

LUN	....	.....h.... :	.....h.... : ....
		.....h.... :	.....h.... : ....
		.....h.... :	.....h.... : ....
MA	....	.....h.... :	.....h.... : ....
		.....h.... :	.....h.... : ....
		.....h.... :	.....h.... : ....
MER	....	.....h.... :	.....h.... : ....
		.....h.... :	.....h.... : ....
		.....h.... :	.....h.... : ....
JEU	....	.....h.... :	.....h.... : ....
		.....h.... :	.....h.... : ....
		.....h.... :	.....h.... : ....
VEN	....	.....h.... :	.....h.... : ....
		.....h.... :	.....h.... : ....
		.....h.... :	.....h.... : ....
SA	....	.....h.... :	.....h.... : ....
		.....h.... :	.....h.... : ....
		.....h.... :	.....h.... : ....
DIM	....	.....h.... :	.....h.... : ....
		.....h.... :	.....h.... : ....
		.....h.... :	.....h.... : ....

MON INTENTION POSITIVE DE LA SEMAINE

Alors, dans quel mood positif voulez-vous particulièrement vous sentir cette semaine ? Entourez ce qui correspond le mieux à votre intention positive personnelle pour la semaine :

Cette semaine je vais me sentir

Inspirante
Efficace
Authentique
Confiante
Optimiste
Calme
Passionnée
Détendue
Présente
Fière
Sereine
Émerveillée
Enthousiaste
Inspirée
Paisible
Déterminée
Disponible
Créative
Courageuse
Pleine d'amour
Curieuse
Alignée
Rayonnante
Excitée
Reconnaissante
Admirative
Organisée
Audacieuse
Tranquille
Libre
Joyeuse
Complice
Pleine d'espoir
Généreuse
Amusante
Dynamique
Autre : ....

LUNDI

POSITIVE MINDSET

Ce que j'aime dans mon job

Mettez le focus positif sur votre job : qu'aimez-vous particulièrement dans vos activités, vos relations pro, vos horaires, votre rythme de travail, vos missions et responsabilités… ? Faites la liste de tous les détails agréables de votre quotidien au travail et notez-les dans votre Carnet positif. Ça rend heureux au bureau !

DÉFI POSITIF

Une plante verte dans mon bureau

Non seulement elles rendent l'espace de travail plus agréable visuellement, mais les plantes vertes contribuent aussi au bien-être, réduisant les bruits et neutralisant les ondes des ordinateurs. Plus : il est prouvé que la couleur verte détend ! Optez pour un cactus, de l'aloe vera ou un ficus, faciles d'entretien, elles rendront votre bureau plus pur et apaisant.

FEEL GOOD

Musique d'ambiance au bureau

Pour être plus concentré, zen et productif, il est conseillé d'y écouter de la musique, mais pas n'importe laquelle ! Préférez une musique sans paroles, relaxante et répétitive, à écouter en « musique de fond », ou de l'ASMR, composé de bruits de fond (par exemple les bruits de tasses, de conversations et de percolateurs de cafés). Et bien sûr, choisissez un style qui vous plaît, une musique imposée ne fait pas le même effet.

MOTIVATION

Feel good in job

Au-delà du plaisir, pour vous accomplir pleinement dans votre job, rappelez-vous pourquoi vous le faites ! Quel sens trouvez-vous dans vos projets et vos actions professionnelles ? En quoi vous sentez-vous utile au niveau pro ? Et que pourriez-vous faire de plus pour donner encore plus de sens à votre travail ?

MES TRACKERS

Optimisme									☺
Confiance en soi									☺
Slow job									☺
Slow people									☺
Superaliments									☺
Cardio									☺

NOTES

-
-
-
-
-
-
-

Mes 3 bonheurs du jour

1. ……………………………
2. ……………………………
3. ……………………………

Mes 3 objectifs positifs pour demain

1. ……………………………
2. ……………………………
3. ……………………………

MARDI

DÉFI POSITIF

Du cardio au boulot

Le training cardio est un parfait antistress, mais comment faire du cardio au boulot ? Accordez-vous une séance de 10 minutes à la pause de midi pour réaliser : 20 squats, 20 jumping jacks, 20 fentes et 20 montées de genoux, le tout 3 fois avec 20 secondes de pause entre chaque série. Puis prenez quelques minutes pour récupérer.

MOTIVATION

SOS : je n'aime pas trop mon job…

Malgré tous vos efforts pour voir le verre à moitié plein, le constat est là : vous n'aimez pas votre job, ou votre boss, peut-être ? Un job n'a pas besoin d'être parfait pour être agréable, alors avant d'envisager de tout plaquer, portez plus d'attention aux avantages qu'aux contraintes et faites des propositions pour améliorer votre situation (demandez à changer de mission ou à travailler à distance, par exemple).

POSITIVE MINDSET

Mes valeurs dans mon job

Travailler en accord avec vos valeurs est indispensable pour vous sentir bien dans votre job. L'honnêteté, l'entraide, la justice, le respect, l'équité, la simplicité, l'exigence, le professionnalisme, la tolérance, la liberté… Quelles sont les valeurs qui vous sont les plus indispensables au travail ? Listez-les dans votre Carnet positif !

FEEL GOOD

Méditer au bureau

Accordez-vous chaque jour 5 minutes pour fermer les yeux et porter votre attention uniquement sur votre respiration, sans intention ni jugement. Laissez filer vos pensées et recentrez-vous à chaque fois sur votre respiration. À pratiquer à heure fixe comme un petit rituel ou bien à réaliser dès que vous ressentez le besoin de ralentir ou de vous recentrer.

NOTES

-
-
-
-
-
-
-

MES TRACKERS

Optimisme									☺
Confiance en soi									☺
Slow job									☺
Slow people									☺
Superaliments									☺
Cardio									☺

Mes 3 bonheurs du jour

1. ……………………
2. ……………………
3. ……………………

Mes 3 objectifs positifs pour demain

1. ……………………
2. ……………………
3. ……………………

MERCREDI

POSITIVE MINDSET

Ma vocation

Vous avez trouvé un job, mais est-ce LE travail de votre vie ? Que voudriez-vous vraiment faire comme métier qui vous enthousiasmerait tous les matins ? Les personnes les plus épanouies sont celles qui travaillent par vocation, et pas seulement pour payer leurs factures ! Alors prenez le temps de réfléchir au métier pour lequel vous êtes vraiment faite et commencez à agir dans le sens de votre vocation.

DÉFI POSITIF

Les superaliments pour retrouver de l'énergie

Un coup de fatigue en pleine journée de travail ? Prévoyez toujours une petite réserve d'amandes, de noix ou de noisettes, une pomme, une banane, un kiwi ou un avocat et prenez une vraie pause pour manger l'un de ces superaliments en pleine conscience et lentement. Un verre d'eau, 3 petits sauts sur place et c'est reparti !

MOTIVATION

J'ai passé une mauvaise journée...

Même en y mettant tout votre cœur, vos compétences et votre bonne volonté, vous ne parviendrez jamais à satisfaire tout le monde : votre boss, vos collègues, vos clients, vos partenaires... En cas d'insatisfaction d'un tiers, demandez-lui ce que vous pourriez faire pour le satisfaire et faites de votre mieux, mais ensuite lâchez prise et concentrez-vous sur tous les autres qui sont satisfaits, eux !

FEEL GOOD

La déco de mon bureau

Optez pour une déco qui vous ressemble, tout en restant sobre pour ne pas vous envahir. Une règle d'or : chaque objet dans votre champ visuel ne doit vous évoquer que des émotions positives !

MES TRACKERS

Optimisme	☺
Confiance en soi	☺
Slow job	☺
Slow people	☺
Superaliments	☺
Cardio	☺

NOTES

•
•
•
•
•
•
•

Mes 3 bonheurs du jour

1. ....
2. ....
3. ....

Mes 3 objectifs positifs pour demain

1. ....
2. ....
3. ....

JEUDI

FEEL GOOD

La minute positive en réunion

Débuter une réunion par 1 minute positive favorise l'efficacité de la réunion et le bien-être des participants. Proposez d'instaurer ce rituel, en commençant chaque réunion ou rendez-vous pro par des félicitations, des remerciements, la valorisation d'une initiative ou le partage d'un plaisir ou d'une fierté.

DÉFI POSITIF

Concours du mug le plus kitsch

Petit challenge fun pour apporter la positive attitude au bureau : créer le concours du mug le plus kitsch pour en finir avec les gobelets en plastique autour de la machine café et rigoler tous ensemble pendant la pause !

MOTIVATION

Je suis dans le flow au travail

Vous êtes bien à votre bureau, vos relations pro sont de plus en plus agréables et vous vivez de plus en plus de moments de plaisir au travail. Du coup, vos journées passent vite et c'est un vrai bonheur ! Bravo à vous ! Vous êtes dans le flow !

POSITIVE MINDSET

Mon équilibre vie pro/vie perso

Le bonheur est avant tout une question d'équilibre ! Concentrez-vous pour vivre des moments de flow au travail, mais à la seconde où vous quittez votre boulot, décidez en pleine conscience de lâcher prise sur votre vie pro pour vous consacrer ensuite pleinement à votre vie perso.

NOTES

-
-
-
-
-
-
-

MES TRACKERS

Optimisme										☺
Confiance en soi										☺
Slow job										☺
Slow people										☺
Superaliments										☺
Cardio										☺

Mes 3 bonheurs du jour

1. ....
2. ....
3. ....

Mes 3 objectifs positifs pour demain

1. ....
2. ....
3. ....

VENDREDI

MOTIVATION

SOS ! Je m'ennuie

Votre travail n'est pas désagréable et vous y trouvez même sans doute du sens, mais… parfois les journées sont un peu répétitives et longues. En cas d'ennui, cherchez de nouveaux challenges, de nouveaux rituels ou de nouvelles responsabilités ! Proposez votre aide à vos collègues, créez de nouveaux supports ou suggérez de nouveaux projets à votre boss ! N'attendez pas qu'elles viennent à vous, créez vos opportunités !

POSITIVE MINDSET

Toujours avancer

Pour éviter de tomber dans la routine et l'ennui, continuez à développer vos compétences tout au long de votre vie. Profitez de vos heures de formation prévues par la loi, et n'hésitez pas à profiter de formations en ligne, de conférences ou de séminaires. Mais profitez aussi de tout ce que vous apprenez dans la vie et voyez comment vous pouvez l'intégrer dans votre job. Cela renforcera régulièrement votre enthousiasme professionnel !

DÉFI POSITIF

Un afterwork entre collègues

Vos relations avec vos collègues sont d'autant plus appréciables si elles reposent à la fois sur des échanges pro et perso. Bowling, karaoké, barbecue maison, proposez donc un afterwork à vos collègues, voire même à votre boss s'il est sympa, vos relations n'en seront que meilleures au travail.

FEEL GOOD

SOS, collègues d'amour !

La collaboration favorise un climat agréable au travail. Quand vous avez une difficulté pro, demandez quelques minutes à 2 ou 3 collègues pour brainstormer afin de vous aider à trouver une solution rapide ! Tout le monde en ressortira plein d'énergie positive !

MES TRACKERS

Optimisme										☺
Confiance en soi										☺
Slow job										☺
Slow people										☺
Superaliments										☺
Cardio										☺

NOTES

- ______
- ______
- ______
- ______
- ______
- ______
- ______

Mes 3 bonheurs du jour

1. ....
2. ....
3. ....

Mes 3 objectifs positifs pour demain

1. ....
2. ....
3. ....

SAMEDI

MOTIVATION

Bravo ! Un beau travail d'équipe

À la moindre occasion, pensez à valoriser le travail d'équipe à votre travail ! Une personne qui en aide une autre, une équipe qui rend son projet dans les temps, un binôme efficace… Ne banalisez pas ce qui mérite d'être reconnu ! Et félicitez-vous vous-même de contribuer à cette belle collaboration !

DÉFI POSITIF

Un message positif anonyme

Devenez le temps d'une journée un petit ange gardien pour une collègue, un partenaire ou un client. Glissez des petits mots positifs anonymes dans des dossiers, des tiroirs, dans les rayons du magasin ou dans la poche d'un vêtement… Personne ne saura que cela vient de vous, mais vous y prendrez beaucoup de plaisir !

FEEL GOOD

Pink Friday

Pour mettre de la bonne humeur au sein d'une équipe, après le Black Friday, vous pouvez instaurer le Pink Friday… chaque semaine ! Le principe ? Tout le monde porte au moins un vêtement ou accessoire rose le vendredi ! Un bon moyen de voir la vie en rose au travail !

POSITIVE MINDSET

Chief happiness officer

Le nouveau métier qui a pour rôle de booster le bien-être au bureau : chief happiness officer, ou responsable bonheur. Si ce poste n'existe pas, faites en sorte de devenir au moins votre propre responsable bonheur au travail ! Et pourquoi pas proposer vos compétences pour en faire une mission officielle pour toute l'équipe ?

NOTES

-
-
-
-
-
-
-

MES TRACKERS

Optimisme ☐☐☐☐☐☐☐☐ ☺

Confiance en soi ☐☐☐☐☐☐☐☐ ☺

Slow job ☐☐☐☐☐☐☐☐ ☺

Slow people ☐☐☐☐☐☐☐☐ ☺

Superaliments ☐☐☐☐☐☐☐☐ ☺

Cardio ☐☐☐☐☐☐☐☐ ☺

Mes 3 bonheurs du jour

1. ....
2. ....
3. ....

Mes 3 objectifs positifs pour demain

1. ....
2. ....
3. ....

DIMANCHE

MOTIVATION

Merci à mes collègues d'amour

Ce ne sont peut-être pas votre groupe de potes les plus proches (quoique…), mais vos collègues font partie de votre vie, de votre quotidien, et ces relations sont importantes dans votre équilibre de vie. Prenez-en soin, et pensez de temps en temps à remercier ces collègues pour leur aide, leur soutien, leur bonne humeur ou leur professionnalisme. Votre gratitude renforcera vos relations dans les deux sens !

POSITIVE MINDSET

Mon mantra du jour

Lisez une première fois le mantra du jour : « Je vis l'accomplissement professionnel ». Puis prenez le temps de le réécrire dans vos notes en bas de page et encore dans votre Carnet positif. Vous pouvez aussi l'écrire sur une carte à décorer et à mettre dans un cadre au-dessus de votre bureau !

FEEL GOOD

Mon fond d'écran inspirant

Utilisez votre fond d'écran d'ordinateur pour vous apporter l'énergie dont vous avez le plus besoin ! Besoin de peps ? Optez pour une danseuse ! Besoin de ralentir ? Choisissez l'image d'un massage ou d'un paysage zen… Et variez votre plaisir visuel chaque lundi matin en fonction de votre intention positive de la semaine !

DÉFI POSITIF

Méditation sur le bonheur au bureau

Installez-vous confortablement, prenez 3 profondes respirations et fermez les yeux. Puis concentrez-vous sur tout ce qui vous rend heureuse et vous apporte du plaisir au travail… Respirez… Concentrez-vous sur ce que cela provoque en vous… Au bout de quelques minutes, rouvrez doucement les yeux et appréciez encore quelques instants les bienfaits de cette séance.

MES TRACKERS

Optimisme	☐☐☐☐☐☐☐☐	☺
Confiance en soi	☐☐☐☐☐☐☐☐	☺
Slow job	☐☐☐☐☐☐☐☐	☺
Slow people	☐☐☐☐☐☐☐☐	☺
Superaliments	☐☐☐☐☐☐☐☐	☺
Cardio	☐☐☐☐☐☐☐☐	☺

NOTES

- ______
- ______
- ______
- ______
- ______
- ______
- ______

Mes 3 bonheurs du jour

1. ....
2. ....
3. ....

Mes 3 objectifs positifs pour demain

1. ....
2. ....
3. ....

Mon bilan semaine 8

Mes belles réussites	Mes axes de progression	Niveau bien-être, comment je me suis sentie ?
....	....	....
....	....	....
....	....	....
....	....	....
....	....	....
....	....	....

Satisfaction de mon niveau de slow life : PEUT MIEUX FAIRE ! ◎ ◎ ◎ ◎ ◎ ◎ ◎ ◎ ◎ ◎ AU TOP !

Satisfaction de mon niveau de food positive : PEUT MIEUX FAIRE ! AU TOP !

Satisfaction de mon niveau de training positif : PEUT MIEUX FAIRE ! AU TOP !

Comment j'ai géré ma pensée positive cette semaine ? PEUT MIEUX FAIRE ! ☆ ☆ ☆ ☆ ☆ ☆ ☆ ☆ ☆ ☆ AU TOP !

Ce qui m'a aidée...	Ce qui m'a freinée...	Ce que je peux faire la semaine prochaine pour progresser...
....	....	....
....	....	....
....	....	....
....	....	....
....	....	....
....	....	....

Vous êtes arrivée au bout de ce 2e mois, bravo ! Vous vous sentez sans doute plus positive que jamais, que ce soit seule ou avec les autres, et même au travail, c'est top ! Côté slow life, vous avez pris le temps de repenser vos relations et votre job. Côté food positive, vous avez testé et sans doute découvert les superaliments que vous aimez particulièrement. Et côté training positif, le niveau était plus intense avec le cardio ! Il est possible que vous ressentiez une petite fatigue physique et émotionnelle, car tout ça demande beaucoup d'énergie, alors pensez à bien vous reposer et accordez-vous toujours régulièrement des pauses slow body pour respirer et ralentir votre corps et votre esprit.

Bilan mois 2

Ma checklist

- ☐ Je suis plus optimiste que jamais
- ☐ Je prends du temps avec mes proches plusieurs fois par semaine
- ☐ J'ose tester de nouvelles choses avec enthousiasme
- ☐ Je mange des superaliments chaque jour
- ☐ Je me sens bien dans mes relations
- ☐ J'ai réfléchi à mes envies pros et j'ai commencé à agir pour les mettre en œuvre
- ☐ Je m'éclate à faire mes séances cardio
- ☐ Je me sens mieux au bureau
- ☐ J'ai confiance en mes capacités
- ☐ Je me sens souvent plus positive que les autres

Résultat : .... / 10

Mon score

Au-dessous de 5/10 : Pas évident de suivre le rythme, l'intensité de ce mois vous a peut-être déstabilisée et fatiguée. Vous avez peut-être zappé des séances et des rituels. Mais rappelez-vous de faire toujours de votre mieux. Cette étape peut-être plus difficile pour vous, mais elle est cruciale. Ce n'est pas grave de prendre plus de temps pour la maîtriser. Vous passerez à l'étape suivante quand vous serez à l'aise. Chaque chose en son temps !

Entre 5 et 8/10 : Vous avez globalement bien géré votre positive attitude, mais vous avez peut-être zappé quelques défis par-ci par-là. Il est possible que quelques doutes vous assaillent de temps à autre, mais gardez le cap ! Même si elle n'est pas forcément évidente et qu'elle demande beaucoup d'énergie, cette étape est cruciale. À vous de choisir si vous préférez passer à la suivante ou bien prendre encore un peu de temps pour ancrer vos nouvelles habitudes en restant un peu plus longtemps sur cette 2e étape.

Au-dessus de 8/10 : Bravo, vous maîtrisez déjà très bien votre positive attitude et votre slow attitude ! Vous êtes prête à passer à l'étape suivante : viser l'abondance positive !

Ce dont je suis le plus fière

....

....

....

....

....

Mes atouts

....

....

....

....

....

....

Mon bien-être

Alors, globalement, sur le mois, avez-vous bien pratiqué vos séances de training cardio ? Avez-vous tenu vos rituels quotidiens des 3 bonheurs du jour et de vos objectifs positifs pour le lendemain ? Vous êtes vous posée sur vos relations et votre travail ? Et avez-vous commencé à intégrer des superaliments dans votre alimentation ? Tous ces rituels positifs ont leur importance ! Ne négligez rien pour obtenir un max de résultats ! Coloriez selon votre satisfaction.

Pensée positive									☺
Slow life									☺
Food positive									☺
Training positif									☺

Mandala good vibes

Bravo ! Super journée et objectifs atteints !

Yes ! Bonne journée dans l'ensemble, objectifs quasiment respectés

Bof ! Pas très satisfaite… je ferai mieux demain !

Aïe ! Impossible de tenir les objectifs…

Coloriez la case du jour selon la légende. Vous dessinez ainsi l'atmosphère de votre programme et votre réussite !

MES NOTES

Mois 3

Objectif

Je profite de la magie de la vie !

Maintenant que vous avez activé votre focus positif et votre positive attitude, vous devez déjà sentir une grande différence dans votre perception du monde, de votre vie et de vous-même. Même si vous avez peut-être encore parfois quelques pensées négatives, vos pensées positives ont tout de même déjà dû prendre largement le dessus, et ce n'est pas fini ! Il est d'ailleurs temps de passer au niveau supérieur ! L'objectif n'est pas de bannir à jamais les pensées négatives, mais de vivre la vie qui vous rendra le plus heureuse ! Pour cela, ce 3e mois sera consacré à passer en mode « abondance ». Car il existe un secret : on attire ce qu'on diffuse, et envoyer de bonnes ondes à l'univers est la garantie de recevoir plein de cadeaux en retour. Vous allez cultiver un état d'esprit qui vous mènera à une vie riche dans tous les domaines : riche de belles émotions, de belles rencontres, de beaux projets, de satisfaction... Bref, la vie répondra à tous vos besoins, à vos envies, et même plus ! Laissez entrer la magie !

Je cultive l'abondance

Mais qu'est-ce que l'abondance ?

Vivre dans l'abondance, c'est vivre une vie qui répond absolument à tous vos besoins. Cela ne signifie pas être riche, mais juste satisfaire vos besoins, vos envies, vos ambitions et vos rêves. L'abondance est souvent associée à la notion de richesse, mais il ne s'agit pas d'une question d'argent. OK, l'argent peut s'avérer utile pour répondre à vos besoins et réaliser vos rêves, mais l'abondance est avant tout une question de complétude. Cultiver votre abondance, c'est veiller à vous enrichir à tous les niveaux, intellectuel, émotionnel, relationnel et même spirituel, chercher à atteindre des sommets juste en vous apportant ce dont vous avez besoin pour vous sentir complète, c'est-à-dire aimée, reconnue, soutenue, libre et alignée totalement avec vos valeurs. Durant le mois à venir, vous serez guidée pas à pas pour vivre dans cette abondance, et même plus, pour vivre dans l'abondance « positive », qui vous comblera de bonheur !

Le pouvoir de l'intention

Pour cultiver votre abondance positive, il vous faut chercher ce dont vous avez encore besoin pour être complètement heureuse. Mais pour trouver, il faut déjà savoir ce que vous cherchez ! Vivre dans l'abondance positive nécessite d'avoir des intentions claires, précises et positives, et de rester ensuite focus sur ces intentions. Le pouvoir de l'intention est essentiel et peut vous apporter des résultats extraordinaires !

Durant les semaines à venir, vous éclaircirez petit à petit vos intentions, en prenant conscience de ce qui vous donne le plus de plaisir dans la vie, de vos ambitions personnelles et professionnelles les plus profondes et de vos rêves les plus fous ! Vous vous recentrerez peu à peu sur ce qui est vraiment essentiel pour vous, et vous mettrez tout votre cœur à ne plus seulement rêver votre vie idéale, mais à passer à l'action pour réaliser vos rêves et devenir réellement la personne que vous avez toujours voulu être. Les intentions sont les souhaits que vous envoyez à l'univers, et celui-ci y répondra. Concrètement, comment ça marche ?

C'est simple : lorsque vous êtes totalement imprégnée d'une intention, vous percevez chaque événement par ce prisme, vous voyez en toute chose une opportunité pour réaliser cette intention, et vous mettrez tout en œuvre pour la réaliser. C'est la puissance de la pensée !

La gratitude

Pour vivre cette vie merveilleuse et extraordinaire qui vous comblera de bonheur, posez vos intentions d'évolution positive, mais prenez aussi conscience de l'abondance qui est déjà présente dans votre vie ! Votre vie est déjà riche de plein de belles choses, vous-même portez en vous plein de richesses. Au fur et à mesure des jours, vous allez prendre conscience de ce qui vous remplit déjà de bonheur ; prenez à chaque fois le temps de ressentir une profonde reconnaissance pour tout ce que vous avez déjà. Une partie de votre abondance positive est déjà là, et plus vous mettrez d'attention dessus, plus vous vous permettrez de la multiplier, l'abondance attirant l'abondance !

Une vie pleine de sens

Plusieurs éléments essentiels contribuent à votre bonheur : vos émotions positives, vos forces de caractère, vos moments de flow, vos relations positives, vos réalisations, votre vitalité… mais aussi mener une vie pleine de sens !

Impossible de vivre dans l'abondance positive sans trouver du sens à votre vie. Si vos journées défilent à contre-courant de vos valeurs et sans répondre à votre besoin naturel et essentiel de contribuer à rendre le monde plus beau et à aider les autres, vous ne pourrez pas vous sentir pleinement heureuse.

→ Trouver du sens à votre vie, c'est trouver une direction, savoir où vous voulez aller, et cela rejoint le besoin de poser des intentions claires et précises.

→ Trouver du sens à votre vie, c'est aussi vous sentir utile pour d'autres personnes, pour la planète, pour les animaux, pour votre pays, votre ville, ou pour quoi que ce soit de plus grand que vous, avoir le sentiment de contribuer d'une façon ou d'une autre à un monde meilleur.

→ Trouver du sens à votre vie, c'est encore trouver votre raison de vivre, votre mission de vie, c'est-à-dire ce pour quoi vous êtes née, ce que vous devez réaliser, votre rôle à jouer pour apporter votre pierre à l'édifice de ce monde meilleur.

→ Trouver du sens à votre vie, c'est enfin vivre pleinement chaque instant comme si vous étiez justement née pour vivre cet instant, comme si rien n'arrivait par hasard et que tout avait du sens !

Durant les semaines à venir, en précisant jour après jour ce qui fait sens pour vous, vous ressentirez de plus en plus cette abondance positive au plus profond de vous.

Mon plan d'action pensée positive

L'objectif du mois est de passer en mode « abondance positive », cet état d'esprit qui vous mènera à une vie de plus en plus riche en pensées positives ! Cela vous semblera peut-être parfois inaccessible ou égoïste, mais plus vous rayonnerez de bonheur, en toute humilité, et plus vous contribuerez au bonheur du plus grand nombre ! Let's go !

Profil 1 : Vous avez la stress attitude

Jusqu'à présent vous aviez sans doute du mal à vous accorder du temps pour vous-même, que ce soit des temps de détente, de plaisir ou de développement personnel. Le mode slow life n'était pas activé, mais, rien qu'en lisant ce cahier, vous venez de vous prouver à vous-même que vous en êtes capable, et que ça vaut vraiment le coup ! Il est temps maintenant de viser plus haut et de vous offrir non pas quelques instants, mais une vie entière de magie ! Votre plan d'action ce mois-ci a pour objectif d'ajouter du sens à votre vie (à base de bien-être, de contribution au monde et d'accomplissement) pour manifester l'abondance !

Votre plan pensée positive

- **Retrouvez votre vitalité** : prenez soin de votre sommeil, de votre alimentation, de votre santé et de votre corps, grâce à des activités physiques adaptées et à des temps de bien-être corporel.
- **Prenez du temps pour vous faire plaisir** : accordez-vous du temps rien que pour vous, pour votre bien-être, votre détente, votre joie, et appréciez à leur juste valeur tous ces moments de plaisirs personnels.
- **Commencez à vivre vos rêves** : prenez le temps d'imaginer la vie de vos rêves et la personne que vous rêvez d'être et faites vos premiers pas pour commencer à réaliser vos rêves !
- **Donnez de votre temps** : accordez chaque jour un peu de votre temps pour contribuer à quelque chose de plus grand que vous, en aidant quelqu'un, en faisant du bénévolat ou des actions pour le monde.

Les difficultés que vous pourriez rencontrer...

Il vous arrive encore parfois de culpabiliser de prendre du temps pour vous, que ce soit pour votre training, pour vos séances slow life ou vos moments de bien-être. En suivant ce plan d'action tranquillement un jour après l'autre, vous constaterez par vous-même que vous offrir du temps pour vous, c'est aussi contribuer au bonheur de vos proches, qui seront déjà heureux de vous voir heureuse, mais qui en plus bénéficieront de votre rayonnement positif. C'est ça, l'abondance !

Mes trackers

Dans votre tableau tableau Trackers du mois (p. 156), notez vos 4 objectifs du mois :
- Vitalité (dès la semaine 1)
- Temps de plaisirs (à partir de la semaine 2)
- Rêve en cours de réalisation (à partir de la semaine 3)
- Don de temps (à partir de la semaine 4)

Et faites votre suivi chaque jour !

Profil 2 : Vous avez la cool attitude

Profiter sereinement de la vie est déjà un atout dans votre vie, mais ce n'est pas en vous contentant de ce que vous avez que vous pourrez vivre la vie de rêve que vous conservez dans un coin de votre tête. Ce mois-ci, vous allez passer à l'action pour vivre cette vie pleine d'abondance que vous méritez ! Votre plan d'action ce mois-ci a pour objectif d'ajouter du sens dans votre vie (à base de bien-être, de contribution au monde et d'accomplissement) pour manifester l'abondance !

Votre plan pensée positive

- **Boostez votre vitalité** : cultivez votre énergie vitale, en adoptant les meilleurs réflexes possibles pour mieux dormir, mieux manger, mieux bouger et être au meilleur de votre forme !
- **Multipliez les plaisirs** : faites en sorte de vivre plusieurs moments de vrai plaisir personnel par jour, appréciez ceux qui se présentent à vous spontanément, mais prévoyez-en aussi pour être sûre de ne plus jamais passer une seule journée sans au moins quelques moments de plaisir !
- **Réalisez vos rêves les plus essentiels** : passez à l'action dès maintenant pour enclencher la réalisation de vos rêves de vie les plus importants !
- **Développez votre impact positif** : agissez chaque jour en cherchant à avoir un impact positif sur vos proches, sur vos collègues, vos clients, vos voisins, et plus largement sur la nature, la planète et le monde.

Les difficultés que vous pourriez rencontrer...

Ce n'est pas l'envie qui vous manque de vivre une vie à la hauteur de vos rêves, mais c'est plutôt la motivation pour passer à l'action, et peut-être quelques peurs comme « Je ne vais pas y arriver, je ne sais pas faire ça et que se passe-t-il si j'échoue ?... ». Il est temps de lâcher prise sur ces dernières pensées parasites ! Le plan d'action pensée positive du mois vous démontrera qu'il est tout à fait possible de vivre une vie abondante en restant généreuse et altruiste !

Mes trackers

Dans votre tableau tableau Trackers du mois (p. 156), notez vos 4 objectifs du mois :

- Super vitalité (dès la semaine 1)
- Journée de plaisir (à partir de la semaine 2)
- Un pas de plus vers mon rêve (à partir de la semaine 3)
- Bonne action (à partir de la semaine 4)

Et faites votre suivi chaque jour !

Profil 3 : Vous avez la happy attitude

Vous avez une vie bien remplie et avez probablement conscience d'une abondance positive déjà présente, et c'est formidable ! Mais vous le savez sans doute, pour maintenir un tel niveau de bonheur, il est nécessaire de se fixer régulièrement de nouveaux challenges, de s'investir dans de nouveaux projets pour éviter la routine. Ce mois-ci, vous trouverez des défis à la hauteur de vos ambitions et en accord avec vos valeurs positives et humanistes, alors amusez-vous bien ! Votre plan d'action ce mois-ci a pour objectif d'ajouter du sens dans votre vie (à base de bien-être, de contribution au monde et d'accomplissement) pour manifester l'abondance et vous sentir parfaitement comblée !

Le plan pensée positive

- **Visez la pleine vitalité** : ne vous contentez plus d'être en forme, cherchez à être au meilleur de votre forme ! Trouvez la meilleure durée et la meilleure qualité de sommeil, de sport, d'alimentation et de bien-être.
- **Décuplez votre plaisir** : continuez à savourer tous les moments de plaisirs simples de votre quotidien, mais trouvez aussi le moyen de découvrir chaque jour de nouveaux plaisirs tout aussi appréciables.
- **Vivez la vie de vos rêves** : mettez fin à tout ce qui ne correspond plus à la vie de vos rêves et agissez pour que cette vie de rêve devienne rapidement votre réalité.
- **Devenez une personne inspirante** : inspirez autrui en œuvrant pour un monde meilleur et en partageant tout ce qui fait sens pour vous, diffusez vos idées, vos actions à votre niveau et les résultats de vos actions sur le monde !

Les difficultés que vous pourriez rencontrer…

En passant au niveau supérieur de l'abondance positive, il est malheureusement possible que vous perdiez un peu le contact avec la réalité des personnes qui vous entourent et qui n'en sont pas encore à votre niveau. Veillez à maintenir un lien sincère et bienveillant avec les personnes chères à votre cœur, en acceptant qu'elles ne comprennent pas forcément ce que vous vivez, et que même si vous n'avez pas toujours la même perception du monde, vous pouvez vivre ensemble de merveilleux moments !

Mes trackers

Dans votre tableau Trackers du mois (p. 156), notez vos 4 objectifs du mois :

- Top vitalité (dès la semaine 1)
- Nouveaux plaisirs (à partir de la semaine 2)
- Journée de rêve (à partir de la semaine 3)
- Inspirante (à partir de la semaine 4)

Et faites votre suivi chaque jour !

Comment je m'organise ?

Je maintiens mes rituels positifs

Voilà déjà 2 mois que vous vous êtes lancée dans cette belle aventure avec ce programme, et, avec le temps, les rituels passent parfois à la trappe ! Alors c'est le moment de vous remotiver en vous réengageant à tenir vos rituels positifs jusqu'au bout de ce programme – et même au-delà ! Lister vos 3 bonheurs du jour, noter vos 3 intentions positives pour le lendemain, lire vos conseils pensée positive chaque jour et les appliquer de votre mieux, noter toutes vos pensées positives dans votre Carnet positif, tenir à jour vos trackers quotidiens et mensuels, remplir vos bilans hebdomadaires et mensuels… Ces rituels ne peuvent que vous aider dans votre démarche !

Je continue à anticiper les obstacles

Quelles sont les situations ce mois-ci qui pourraient vous mettre en difficulté ? Et quelles sont les solutions qui vous permettront de les surmonter ?

Le piège	Les solutions
Vous vous sentez coupable de prendre du temps pour vous.	Vous prenez le temps d'en discuter avec vos proches, et vous leur demandez si vous pouvez faire quelque chose pour leur faire plaisir.
Vous avez la flemme de faire vos séances training.	Vous pouvez vous accorder quelques jours de repos, mais ensuite, vous trouverez quelle activité physique peut vous remotiver !
……………………………………… ………………………………………	……………………………………… ………………………………………

Je n'oublie pas mes séances feel good

Pensez à planifier chaque semaine vos séances de training happy, vos courses healthy et vos temps de slow cooking et de minimalisme ! Sans oublier ce mois-ci de vous programmer de vrais temps de plaisirs et du temps pour vos bonnes actions !

Mon plan d'action slow life : objectif slow cooking et minimalisme

Vous devenez progressivement une experte de la slow life, et vous en ressentez certainement les bienfaits au niveau de votre charge mentale, mais aussi de votre rythme de vie et de votre bien-être ! Bravo ! Vous allez pouvoir aller encore plus loin dans ce mode de vie en découvrant ce mois-ci le slow cooking et le minimalisme. En consacrant du temps à préparer des repas aussi beaux que bons, sains et agréables, vous prendrez de plus en plus de plaisir à table ! Et en adoptant des réflexes minimalistes, vous allez alléger votre esprit à chaque fois que vous allégerez votre intérieur de tout ce qui n'est pas nécessaire à votre bonheur. Ce mois-ci, focus sur le retour à l'essentiel !

J'accorde du temps à mes repas avec le slow cooking

Pour passer en mode slow cooking, vous allez prendre le temps de bien manger, et cela commence bien avant de vous mettre à table ! Il y a d'abord le choix des aliments : vous pouvez tester le potager maison ou les jardins partagés, ou bien faire vos courses directement auprès de producteurs locaux, sur les marchés, dans les magasins bio, en récupérant des paniers d'Amap (Associations pour le maintien d'une agriculture paysanne) ou encore des applications comme La ruche qui dit oui !. Ensuite, vous prendrez plaisir à préparer tranquillement vos légumes et à cuisiner vos bons petits plats healthy, riches en superaliments et en aliments bons pour la santé autant que pour le moral. Vous révélerez les saveurs de vos aliments par une cuisson lente à basse température et vous régalerez tout autant à mettre en valeur de bons aliments crus. Puis vous prendrez le temps de dresser une jolie table à chaque repas, même au petit déjeuner, en profitant de votre jardin (si vous en avez) ou de votre terrasse de temps à autre. Prenez le temps d'apprécier chaque bouchée et chaque gorgée. Finie l'addiction aux repas express ou lourds, trop gras, trop salés et trop sucrés, toutes ces habitudes vous rendront accro au plaisir des délicieux repas healthy partagés !

Je reviens à l'essentiel avec le minimalisme

Passer en mode minimalisme, c'est prendre le temps de revenir à l'essentiel, sans superflu. Cet art de vivre repose sur quelques principes simples, qui nécessitent de trier tout ce que vous possédez. Vous ne garderez petit à petit que les biens matériels qui vous apportent le confort minimum dont vous avez besoin pour vous sentir réellement bien chez vous. Avec cette méthode, chaque objet compte, a son importance et apporte du bonheur. Pour cela, vous allez prendre le temps de trier, pièce par pièce, du grenier au sous-sol, de la cuisine au garage, de vos placards à vos tiroirs, sans oublier vos étagères. Vous vous demanderez pour chaque objet s'il vous rend heureuse. Si oui, gardez-le, si pas spécialement, offrez-le, vendez-le ou jetez-le selon son état. Avez-vous vraiment besoin d'autant de vêtements, de chaussures, de livres, de babioles en tout genre, d'ustensiles de cuisine et de vaisselle ? C'est le moment d'alléger votre intérieur pour vous sentir plus sereine, libre et légère à l'intérieur de vous-même ! L'abondance positive ne signifie pas du tout l'accumulation de biens matériels, elle repose aussi sur votre faculté à ne vous entourer que de ce qui est essentiel à votre bonheur.

Mes trackers

Dans votre tableau Trackers du mois (p. 156), notez vos 2 objectifs du mois :

- Mode slow cooking (courses, potager, cuisine…)
- Mode minimalisme

Et faites votre suivi chaque jour !

Plan d'action food positive : je me mets à la healthy food !

Maintenant que vous avez adopté une alimentation reposant sur des superaliments qui vous donnent du peps et contribuent à votre positive attitude, vous pouvez passer au niveau supérieur et vous intéresser à l'impact de votre consommation sur l'environnement, les animaux et la planète. Il ne s'agit pas de passer du jour au lendemain en mode veggie, végé, végan ou sans gluten, mais d'avoir conscience de ce que vous mangez, afin de vous amener petit à petit à une alimentation plus saine et plus responsable. Ce mois-ci, on s'engage sur la voie de la healthy food !

Je deviens une green gourmande !

En quoi consiste exactement la healthy food ? C'est une alimentation qui repose essentiellement sur des fruits, des légumes, des céréales et autres superaliments, en réduisant ou en supprimant la viande et les produits provenant des animaux, en privilégiant les produits bio et l'agriculture raisonnée et locale. Ce mois-ci, l'objectif pour vous est de prendre conscience de vos achats alimentaires, en lisant les étiquettes et en choisissant de préférence les produits naturels, frais, sans produits chimiques, sans pesticides ni additifs, donc en évitant au maximum les produits industriels et transformés. Vous consommerez avec plaisir des aliments qui poussent naturellement dans la terre et dans les arbres. Si vous ne pouvez vous passer de produits animaux, vous choisirez ceux élevés dans de bonnes conditions et nourris avec les aliments qui leur conviennent parfaitement. Clairement, les sucres raffinés (sodas, bonbons, gâteaux, etc.) et les mauvaises graisses (fritures, plats préparés) feront de moins en moins partie de votre quotidien. Vous limiterez aussi les gros poissons qui sont en fin de chaîne alimentaire et qui contiennent des métaux lourds et autres produits toxiques (saumon, thon, espadon).
Ainsi, très vite, vous constaterez tous les bénéfices de ce mode d'alimentation healthy : vous aurez moins envie de grignoter, votre énergie sera décuplée, vous vous sentirez plus dynamique, mais aussi plus légère, vous perdrez d'ailleurs sans doute quelques kilos superflus au passage, votre peau sera plus douce, sans compter que vous vous sentirez fière de vos choix respectueux de la planète, de votre santé et de votre positive attitude ! Que demander de plus ?

Pensez à bien prévoir vos courses healthy dans votre agenda chaque semaine !

Mes trackers

Dans votre tableau Trackers du mois (p. 156), notez votre objectif du mois :

- Healthy food

Et faites votre suivi chaque jour !

Plan d'action training positif : je trouve le sport qui me rend dingue

C'est incontestable, malgré les douleurs pendant vos séances de training, malgré les courbatures après coup, le sport vous fait du bien et vous en avez bien ressenti les effets ces deux derniers mois ! Il y a des raisons biologiques à tout ça ! Oui, le sport peut être considéré comme un producteur de bonheur ! Mais est-ce le cas de tous les sports ? Et quelles activités physiques en particulier vous combleront de bonheur ?

Pourquoi le sport rend heureuse ?

Vous savez désormais que les sports cardio sont de parfaits antidépresseurs, mais cela ne s'arrête pas là ! Quel que soit le sport, le simple fait de bouger, courir, sauter… bref, se dépenser, vous offre une sensation de bien-être incomparable pendant, mais aussi après l'effort, grâce à des réactions chimiques produites par l'organisme. Votre cerveau libère en effet automatiquement certaines hormones, qui sont diffusées dans votre système nerveux, puis dans tout votre organisme.

Les endorphines

Ce sont de puissants antidouleurs, mais elles réduisent aussi l'anxiété et le stress et provoquant une sensation de plaisir, parfois proche de l'euphorie. Ses bienfaits peuvent durer entre 4 et 6 heures après votre séance de training. Ce sont les sports de cardio qui en produisent le plus. Pratiqués pendant 30 minutes à un rythme ni facile ni dur, ces sports amènent un taux très élevé d'endorphine !

La dopamine

Hormone du plaisir et de la vigilance, elle réduit votre fatigue et augmente votre productivité. C'est son absence qui crée ce manque que vous pouvez ressentir lorsque vous restez quelques jours sans bouger, elle est donc source de motivation pour continuer à faire du sport régulièrement et durablement. Elle est surtout produite par les sports intenses qui vous amènent à vous dépasser.

L'adrénaline

Elle vous donne des ailes ! C'est un puissant facteur de confiance en soi et d'estime de soi. Elle vous pousse à vous lancer et à vous surpasser durant vos séances de training. Elle vous permet d'obtenir de bons résultats et de vous sentir fière de vous. Elle est particulièrement produite lors de séances de musculation, de crossfit, de sprints, etc.

Comment m'entraîner, alors ?

Autant de vertus qui leur ont valu le surnom d'« hormones du bonheur » ! Et donc, pour commencer vos entraînements, faites un peu de muscu ou un petit sprint, pour augmenter vos niveaux d'adrénaline et booster votre motivation au maximum durant vos séances. Et intégrez tant que possible une activité type cardio pour produire une plus grande quantité d'endorphine, histoire de vous sentir au top durant les heures qui suivent !

Quel est le sport qui VOUS convient parfaitement ?

Chaque femme est unique, avec une personnalité, des goûts et des envies qui lui sont propres. C'est pour cela que, côté sport, vos préférences et vos performances ne sont pas à comparer avec celles de vos amies ! C'est à vous de trouver le ou les sports qui vous plaisent le plus et vous font le plus grand bien. Il y a une flamme en chacune de vous qui ne s'attise que dans des circonstances précises. À vous de découvrir la vôtre !

→ Vous êtes méthodique et vous aimez les sports de précision ? Testez les danses chorégraphiées, l'escalade, le tir à l'arc, l'escrime, le ping-pong, le badminton, le golf ou les arts martiaux.

→ Vous êtes hyperactive et aimez les sports qui mettent votre ténacité à rude épreuve ? Testez les cours collectifs, le running, la natation, le vélo, le triathlon, la corde à sauter, la boxe, le Hiit ou le crossfit.

→ Vous êtes indépendante et aimez les sports sans obligation de performance ni pression ? Testez le yoga, le Pilates, le tai-chi, le qi gong, les randos à pied, à cheval, à ski de fond ou raquettes de neige, ou encore les balades en canoë ou en kayak.

→ Vous êtes introvertie et aimez les sports qui vous aident à vous exprimer au travers de votre corps ? Testez les cours de danse, danse contemporaine, africaine, orientale, la zumba, le sh'bam, la salsa ou la kizomba.

Les petits conseils pour vos séances de sport happy

Au final, il n'y a pas de meilleure façon de faire du sport que de tester et de vous écouter pour choisir les pratiques qui vous conviennent le mieux et qui vous donnent envie d'y revenir aussi souvent que possible ! Mais vous pouvez aussi tout à fait varier les plaisirs dans une même semaine, en alternant une séance zen avec une séance cardio et un cours de danse. Et dès que la motivation retombe, réadaptez votre planning, avec des activités différentes, ou bien des durées ou des créneaux horaires différents, ça peut parfois tout changer !

Nombre de séances :
2 ou 3 par semaine
Durée : 20 à 45 minutes par séance

Mes trackers

Dans votre tableau Trackers du mois (p. 156), notez votre objectif du mois :

- Séance de sport happy

Et faites votre suivi chaque jour !

Mon tracker mois 3 : abondance positive

En premier lieu, notez dans ce tableau vos objectifs perso déterminés par votre plan d'action pensée positive (p. 148), vos objectifs slow life (p. 151), vos objectifs de food positive (p. 153) et enfin ceux de training positif (p. 154). Puis remplissez chaque jour la case selon la légende. Vous pouvez ainsi faire votre suivi tout au long du mois pour savoir si vous avez bien tenu vos bonnes résolutions positives : c'est motivant de voir tous les trackers coloriés et ça fait une piqûre de rappel quand peu de trackers le sont.

	1	2	3	4	5	6	7	8	9	10	11	12

Objectif atteint !

Objectif presque atteint

Objectif non atteint

13	14	15	16	17	18	19	20	21	22	23	24	25	26	27	28	29	30	31

Semaine 9

MON AGENDA FEEL GOOD

Pensez à bien noter dans votre agenda tout ce qui vous aidera à mieux vous organiser cette semaine :

- vos séances de training happy
- vos courses healthy
- vos temps slow cook
- vos temps slow life
- vos temps de plaisir
- vos temps de bonnes actions
- vos autres rendez-vous qui contribuent à votre mood positive

LUN	....h.... :	....h.... : ....
	....h.... :	....h.... : ....
	....h.... :	....h.... : ....
MA	....h.... :	....h.... : ....
	....h.... :	....h.... : ....
	....h.... :	....h.... : ....
MER	....h.... :	....h.... : ....
	....h.... :	....h.... : ....
	....h.... :	....h.... : ....
JEU	....h.... :	....h.... : ....
	....h.... :	....h.... : ....
	....h.... :	....h.... : ....
VEN	....h.... :	....h.... : ....
	....h.... :	....h.... : ....
	....h.... :	....h.... : ....
SA	....h.... :	....h.... : ....
	....h.... :	....h.... : ....
	....h.... :	....h.... : ....
DIM	....h.... :	....h.... : ....
	....h.... :	....h.... : ....
	....h.... :	....h.... : ....

MON INTENTION POSITIVE DE LA SEMAINE

Alors, dans quel mood positif voulez-vous particulièrement vous sentir cette semaine ? Entourez ce qui correspond le mieux à votre intention positive personnelle pour la semaine :

Cette semaine je vais me sentir

INSPIRANTE
Efficace
AUTHENTIQUE
Confiante
OPTIMISTE
PASSIONNÉE
Calme
DÉTENDUE
PRÉSENTE
Fière
Sereine
ÉMERVEILLÉE
ENTHOUSIASTE
INSPIRÉE
PAISIBLE
Déterminée
Disponible
CRÉATIVE
COURAGEUSE
PLEINE D'AMOUR
CURIEUSE
ALIGNÉE
Rayonnante
EXCITÉE
Reconnaissante
ADMIRATIVE
ORGANISÉE
AUDACIEUSE
TRANQUILLE
LIBRE
Joyeuse
COMPLICE
PLEINE D'ESPOIR
GÉNÉREUSE
AMUSANTE
Dynamique
AUTRE : ....

LUNDI

DÉFI POSITIF

Un smoothie revitalisant

250 ml de lait de riz, 1 citron bio pelé, 1 cm de gingembre frais pelé et 1 cuillère à soupe de miel. Mixez tous les ingrédients dans un blender avec quelques glaçons jusqu'à l'obtention d'un mélange lisse et onctueux. Votre smoothie good vibes est prêt !

FEEL GOOD

Le visage du Bouddha

Libérez toutes les tensions de votre visage avec du yoga facial : fermez les yeux et imaginez un cercle de lumière entre vos yeux qui grandit et lisse votre peau. Respirez 1 à 2 minutes en restant concentrée sur ce cercle qui efface peu à peu vos rides à chaque passage.

POSITIVE MINDSET

Trouver l'équilibre

La vitalité n'est pas l'hyperactivité ! C'est un équilibre entre le dynamisme et la sérénité, entre l'activité et le repos. Soyez à l'écoute de votre énergie et n'attendez pas d'être épuisée. Plusieurs fois par jour, évaluez sur 5 votre niveau de forme. Au-dessous de 3, faites une pause !

MOTIVATION

Go ! Je bouge un peu chaque jour

Plus que l'intensité, c'est la régularité de vos activités physiques qui vous donne la meilleure énergie ! Accordez-vous au moins 5 minutes chaque jour pour activer votre corps. L'OMS conseille un minimum de 5 000 pas par jour, c'est un autre repère ! Utilisez une appli podomètre !

MES TRACKERS

- Plaisirs
- Bonnes actions
- Slow cooking
- Slow life
- Healthy food
- Training happy

NOTES

Mes 3 bonheurs du jour

1. ......
2. ......
3. ......

Mes 3 objectifs positifs pour demain

1. ......
2. ......
3. ......

MARDI

FEEL GOOD

Verre d'eau magique

Prenez l'habitude d'imaginer que l'eau que vous buvez est une eau magique, qui vous nettoie de l'intérieur, tout en vous apportant précisément l'énergie vitale dont vous avez besoin. Répétez-vous mentalement en buvant : « Cette eau me redonne une belle énergie. »

POSITIVE MINDSET

Sophro positive

Fermez les yeux et rappelez-vous d'un moment plein de vitalité. Revivez ce moment comme si vous y étiez. Observez les sensations dans votre corps et laissez s'éveiller en vous cette énergie vitale. Inspirez profondément, rouvrez les yeux et appréciez votre nouvel élan de vitalité !

MOTIVATION

Oups ! Je suis fatiguée

La sensation de fatigue est le moyen que votre corps utilise pour vous signaler que vous devez ralentir et recharger vos batteries. Ce n'est pas une faiblesse, mais un message à prendre en compte ! Alors quand votre corps vous parle, écoutez-le !

DÉFI POSITIF

Stretching matinal

Activez en douceur tout votre corps au réveil. Tête en avant, en arrière, sur les côtés, petits cercles ; enroulement des épaules en avant, en arrière ; cercles de bras en avant, en arrière ; dos rond-dos creux ; étirement de l'avant et de l'arrière des cuisses (debout, attrapez un pied dans votre dos et tirez ; fléchissez le buste et une jambe pour étirer l'arrière de l'autre, posée en avant, sur le talon) ; cercles de chevilles.

NOTES

-
-
-
-
-
-
-

MES TRACKERS

Plaisirs									☺
Bonnes actions									☺
Slow cooking									☺
Slow life									☺
Healthy food									☺
Training happy									☺

Mes 3 bonheurs du jour

1. ....
2. ....
3. ....

Mes 3 objectifs positifs pour demain

1. ....
2. ....
3. ....

MERCREDI

FEEL GOOD

Un doudou aux huiles essentielles

Du mal à vous endormir ? Le remède naturel aux propriétés relaxantes et apaisantes : les huiles essentielles de camomille noble, de lavande fine, de citron ou de marjolaine. À diffuser 5 minutes dans la pièce avant de vous coucher, à vaporiser en spray sur votre oreiller ou 10 gouttes à imprégner dans un doudou.

MOTIVATION

Aïe ! J'ai fait un écart

Vous prenez particulièrement soin de votre corps cette semaine, bravo ! Mais vous voilà invitée chez des amis et le repas est loin d'être healthy ! Aïe ! Faites-vous plaisir ! Appréciez ce qui vous donne le plus envie en mangeant lentement et en pleine conscience, cela limitera déjà les quantités.

POSITIVE MINDSET

Mon mantra de guérison

Dans la culture hindouiste, il est courant de se répéter un mantra pour guérir. Lorsque vous vous sentez mal dans votre corps ou votre tête, fermez les yeux, et répétez-vous 12 fois les sons suivants : Ra Ma Da Sa Sa Say So Hong. Ces 8 syllabes stimulent le flux d'énergie qui circule dans votre colonne vertébrale.

DÉFI POSITIF

Massage crânien énergétique

Frottez-vous longuement les mains, puis tapotez votre crâne avec le bout de vos doigts de façon tonique. Faites ensuite des petits cercles avec le bout des doigts depuis votre front jusqu'à vos oreilles et votre nuque avec une bonne pression. Relâchez d'un coup et recommencez de 3 à 5 fois.

MES TRACKERS

Plaisirs									☺
Bonnes actions									☺
Slow cooking									☺
Slow life									☺
Healthy food									☺
Training happy									☺

NOTES

-
-
-
-
-
-
-

Mes 3 bonheurs du jour

1. ....
2. ....
3. ....

Mes 3 objectifs positifs pour demain

1. ....
2. ....
3. ....

JEUDI

POSITIVE MINDSET

Visualisation matinale

Le matin, fermez les yeux et imaginez les moments clés de votre journée. Visualisez-vous dans ces moments au meilleur de votre forme : imaginez votre posture, l'expression de votre visage, votre dynamisme, le ton de votre voix… Vous serez dans les meilleures conditions pour profiter de cette journée avec vitalité !

MOTIVATION

Yes ! Je mange sainement

Depuis que vous prenez le temps de choisir, de cuisiner et d'apprécier les aliments, vous sentez un regain d'énergie, moins de fatigue, de migraines… C'est génial de se sentir si bien dans son corps ! Prenez conscience de tous les bénéfices de cette alimentation healthy !

FEEL GOOD

Le 1er rite tibétain

Pour activer votre énergie, pratiquez le derviche tourneur. Pieds nus, debout, écartez les bras sur les côtés à hauteur des épaules. Fermez les yeux et tournez sur vous-même dans le sens des aiguilles d'une montre, 12 fois. Stabilisez-vous en gardant les yeux fermés et en joignant vos mains devant votre poitrine. Appréciez l'énergie qui circule alors dans votre corps.

DÉFI POSITIF

Une cure détox

Nettoyez votre corps de l'intérieur durant 1 à 3 jours en évitant les sucres raffinés, les graisses saturées, le tabac, l'alcool et le café. Buvez au moins 1,5 l d'eau par jour, ne consommez que des fruits et légumes crus (en jus, smoothie ou à croquer) et offrez-vous une séance de sauna ou de hammam.

NOTES

- ______
- ______
- ______
- ______
- ______
- ______
- ______

MES TRACKERS

Plaisirs ☐☐☐☐☐☐☐☐☐☐ ☺

Bonnes actions ☐☐☐☐☐☐☐☐☐☐ ☺

Slow cooking ☐☐☐☐☐☐☐☐☐☐ ☺

Slow life ☐☐☐☐☐☐☐☐☐☐ ☺

Healthy food ☐☐☐☐☐☐☐☐☐☐ ☺

Training happy ☐☐☐☐☐☐☐☐☐☐ ☺

Mes 3 bonheurs du jour

1. ……………………………
2. ……………………………
3. ……………………………

Mes 3 objectifs positifs pour demain

1. ……………………………
2. ……………………………
3. ……………………………

VENDREDI

POSITIVE MINDSET

Détox digitale

Votre esprit est sursollicité par les écrans, mails et autres notifications. Faites une pause avec une journée de détox digitale ! Coupez votre téléphone, votre ordinateur, votre tablette et tout autre objet connecté et profitez autrement de votre temps ! Déconnectez du digital pour vous reconnecter au vital.

FEEL GOOD

Soin du visage vitalité

Battez un blanc d'œuf, ajoutez 1 c. à s. de miel, 1 c. à s. de yaourt et 1 c. à s. de jus de citron. Mélangez pour avoir une pâte homogène et appliquez sur votre visage. Laissez poser 15 minutes avant de rincer. Effet bonne mine garanti !

DÉFI POSITIF

Tester un nouveau sport

Pour trouver le sport qui vous convient le mieux, testez-en plusieurs jusqu'à trouver celui qui plaît. Commencez donc par tester l'un des sports conseillés p. 155. Oubliez vos a priori, c'est parfois celui qu'on appréhende le plus qui nous convient le mieux !

MOTIVATION

SOS ! Comment résister aux tentations ?

Malgré votre supermotivation, les tentations sont nombreuses (séries, invitations et vitrines des pâtisseries…). Redressez-vous, fermez les yeux, respirez et prenez une décision en pleine conscience du plaisir à court terme, mais aussi de votre bien-être à long terme !

♡ MES TRACKERS ♡

Plaisirs										☺
Bonnes actions										☺
Slow cooking										☺
Slow life										☺
Healthy food										☺
Training happy										☺

NOTES

-
-
-
-
-
-
-

Mes 3 bonheurs du jour

1. ....
2. ....
3. ....

Mes 3 objectifs positifs pour demain

1. ....
2. ....
3. ....

SAMEDI

FEEL GOOD

Style pepsy

Une sortie de prévue? Choisissez bien votre tenue! Vous voulez rayonner? Optez pour des vêtements colorés, pailletés ou décalés! Lâchez-vous, amusez-vous, osez… Mettez du fun dans votre coiffure, vos accessoires, et jouez avec votre style!

POSITIVE MINDSET

Ma vie idéale

En imaginant votre vie idéale dans 10 ans, vous conditionnez votre cerveau et votre corps à s'y préparer! Bouger chaque jour, bien manger et prendre soin de votre corps aujourd'hui deviennent une évidence pour parvenir à un tel résultat à l'avenir!

MOTIVATION

Bravo! Je prends soin de moi

Chaque petit geste quotidien devient petit à petit un geste essentiel à votre bien-être! Vous prenez conscience que chaque décision et chaque habitude a son importance. Vos nouveaux rituels positifs changent tout! Votre corps est en mode abondance!

DÉFI POSITIF

Bulle de détente au spa

En plus de l'effet relaxant du jacuzzi, l'effet détox du sauna et du hammam fait des spas des endroits incontournables pour vous ressourcer! Planifiez-vous une séance au spa, seule ou avec une amie. Bénéfique contre les courbatures, les migraines, la cellulite… et bon pour la vitalité!

NOTES

-
-
-
-
-
-
-

MES TRACKERS

Plaisirs									☺
Bonnes actions									☺
Slow cooking									☺
Slow life									☺
Healthy food									☺
Training happy									☺

Mes 3 bonheurs du jour

1. ……………………
2. ……………………
3. ……………………

Mes 3 objectifs positifs pour demain

1. ……………………
2. ……………………
3. ……………………

DIMANCHE

MOTIVATION

Merci à mon corps

L'un de vos meilleurs alliés pour manifester l'abondance dans votre vie, c'est bien sûr votre corps ! Continuez jour après jour à en prendre soin, et remerciez-le pour tout ce qu'il vous permet de vivre, pour toutes les merveilleuses sensations, pour vous permettre de vous déplacer, pour le bien-être, les capacités extraordinaires et les performances qu'il vous offre… Dites-lui merci, et il vous donnera encore plus d'énergie !

POSITIVE MINDSET

Mon mantra du jour

Lisez le mantra du jour : «Je prends soin de ma vitalité». Puis réécrivez-le dans vos notes en bas de page dans votre Carnet positif et aussi en rappel automatique aux heures de vos séances de training, ou bien aux heures où vous pourriez être tentée de craquer sur des aliments pas très «healthy».

DÉFI POSITIF

Méditation energy

Prenez 3 profondes respirations et fermez les yeux. Concentrez-vous sur tout ce qui contribue à votre vitalité (alimentation, sommeil, activités physiques, moments de détente…). Respirez… Concentrez-vous sur ce que cela provoque en vous… Rouvrez doucement les yeux et appréciez encore quelques instants les bienfaits de cette séance.

FEEL GOOD

Un stylo entre les dents

Bonne nouvelle, plus vous souriez, plus le sourire vient naturellement. Entraînez-vous : à chaque brossage de dents ou remise en beauté, prenez un stylo et serrez-le en largeur entre vos dents en vous regardant dans le miroir ! Positive attitude garantie !

♡ MES TRACKERS ♡

Plaisirs										☺
Bonnes actions										☺
Slow cooking										☺
Slow life										☺
Healthy food										☺
Training happy										☺

NOTES

-
-
-
-
-
-
-

Mes 3 bonheurs du jour

1. ....
2. ....
3. ....

Mes 3 objectifs positifs pour demain

1. ....
2. ....
3. ....

Mon bilan semaine 9

Mes belles réussites	Mes axes de progression	Niveau bien-être, comment je me suis sentie ?
....	....	....
....	....	....
....	....	....
....	....	....
....	....	....
....	....	....

Satisfaction de mon niveau de slow life : PEUT MIEUX FAIRE ! ◎ ◎ ◎ ◎ ◎ ◎ ◎ ◎ ◎ ◎ AU TOP !

Satisfaction de mon niveau de food positive : PEUT MIEUX FAIRE ! AU TOP !

Satisfaction de mon niveau de training positif : PEUT MIEUX FAIRE ! AU TOP !

Comment j'ai géré ma pensée positive cette semaine ? PEUT MIEUX FAIRE ! ☆ ☆ ☆ ☆ ☆ ☆ ☆ ☆ ☆ ☆ AU TOP !

Ce qui m'a aidée...	Ce qui m'a freinée...	Ce que je peux faire la semaine prochaine pour progresser...
....	....	....
....	....	....
....	....	....
....	....	....
....	....	....
....	....	....

Cette semaine, vous avez tout fait pour booster votre énergie, bravo ! Vous vous sentez sans doute en pleine forme, et votre motivation a repris un coup de peps ! Pleine d'énergie, active, bien dans votre peau, vous découvrez la sensation d'abondance dans votre corps. C'était trop pour vous d'un seul coup ? Il est aussi possible que, à la fin de la semaine, vous ayez ressenti un petit coup de mou. C'est normal ! Laissez à votre corps le temps de s'adapter à ce nouveau rythme, à la fois cool et intense. Appréciez vos progrès et continuez à faire de votre mieux ; petit à petit, tous ces réflexes vitalité seront naturels pour vous.

Semaine 10

MON AGENDA FEEL GOOD

Pensez à bien noter dans votre agenda tout ce qui vous aidera à mieux vous organiser cette semaine :

- vos séances de training happy
- vos courses healthy
- vos temps slow cook
- vos temps slow life
- vos temps de plaisir
- vos temps de bonnes actions
- vos autres rendez-vous qui contribuent à votre mood positive

Jour	Date		
LUN	....	.....h.... :	.....h.... : ....
		.....h.... :	.....h.... : ....
		.....h.... :	.....h.... : ....
MA	....	.....h.... :	.....h.... : ....
		.....h.... :	.....h.... : ....
		.....h.... :	.....h.... : ....
MER	....	.....h.... :	.....h.... : ....
		.....h.... :	.....h.... : ....
		.....h.... :	.....h.... : ....
JEU	....	.....h.... :	.....h.... : ....
		.....h.... :	.....h.... : ....
		.....h.... :	.....h.... : ....
VEN	....	.....h.... :	.....h.... : ....
		.....h.... :	.....h.... : ....
		.....h.... :	.....h.... : ....
SA	....	.....h.... :	.....h.... : ....
		.....h.... :	.....h.... : ....
		.....h.... :	.....h.... : ....
DIM	....	.....h.... :	.....h.... : ....
		.....h.... :	.....h.... : ....
		.....h.... :	.....h.... : ....

MON INTENTION POSITIVE DE LA SEMAINE

Alors, dans quel mood positif voulez-vous particulièrement vous sentir cette semaine ? Entourez ce qui correspond le mieux à votre intention positive personnelle pour la semaine :

Cette semaine je vais me sentir

Inspirante
Efficace
Confiante
Optimiste
Authentique
Passionnée
Calme
Présente
Fière
Détendue
Sereine
Enthousiaste
Émerveillée
Paisible
Inspirée
Déterminée
Disponible
Courageuse
Créative
Pleine d'amour
Curieuse
Alignée
Rayonnante
Excitée
Reconnaissante
Admirative
Organisée
Audacieuse
Tranquille
Libre
Joyeuse
Complice
Pleine d'espoir
Généreuse
Amusante
Dynamique
Autre : ....

LUNDI

FEEL GOOD

Un bon bain moussant

Le kif total : un bon bain chaud en fin de journée avec des petites bougies et une musique douce… Pour un effet encore plus relaxant, ajoutez-y un mélange de 6 poignées de gros sel de Guérande, 70 ml d'huile d'amande douce, 5 gouttes d'huile essentielle (HE) de néroli, 5 gouttes d'HE de camomille noble et 10 gouttes d'HE de lavande vraie.

DÉFI POSITIF

Je m'offre un bouquet de fleurs

Beaucoup attendent que les autres leur apportent du plaisir, mais la personne qui devrait le plus prendre soin de vous et chercher à vous faire plaisir, c'est vous-même! N'attendez pas que l'on vous offre des fleurs, offrez-vous-en, vous êtes sûre qu'elles vous plairont!

POSITIVE MINDSET

Top list de mes mini-kifs

Cette semaine, vous aurez de nombreux défis cocooning à relever. Mais chacune a ses goûts, alors créez sur votre Carnet positif la top list de vos mini-kifs : listez-y tous les petits plaisirs que vous aimez le plus et consignez ceux que vous apprécierez cette semaine.

MOTIVATION

Go ! Je me fais plaisir

Vous l'avez compris : plus de honte à vous faire plaisir! Mettez votre focus sur le mode «plaisir» et multipliez toutes les occasions de vous faire plaisir personnellement! Rien ne vous empêche cependant de partager certains plaisirs avec d'autres!

MES TRACKERS

Plaisirs									☺
Bonnes actions									☺
Slow cooking									☺
Slow life									☺
Healthy food									☺
Training happy									☺

NOTES

- ______
- ______
- ______
- ______
- ______
- ______
- ______

Mes 3 bonheurs du jour

1. ....
2. ....
3. ....

Mes 3 objectifs positifs pour demain

1. ....
2. ....
3. ....

MARDI

FEEL GOOD

Pique-nique zéro déchet

Composez votre panier-repas de brochettes de légumes (par exemple : tomates cerises + champignons + carottes + cornichons), de salade (par exemple : concombre, tomates, pickles d'oignon blanc, citron et huile d'olive pour la sauce) avec des tartinades bio pour les tremper. Ajoutez quelques chips de légumes et des fruits secs en vrac !

MOTIVATION

Oups ! Je culpabilise

Ça fait du bien de se faire plaisir ! Et pourtant… votre petite voix vous fait culpabiliser ? Vous vous demandez si vous méritez un tel bonheur ? Oui ! Vous le méritez ! Pour vous déculpabiliser, promettez-vous de faire de votre mieux pour offrir autant de plaisir à d'autres !

DÉFI POSITIF

Hiit at home

7 minutes pour vous donner au max ! Réalisez chacun de ces 10 exercices en 30 s de façon intensive et récupérez 10 s entre chaque exercice : jumping jack, fentes jump, pompes, abdos, chaise contre le mur, burpees, gainage, lever de genoux, dips sur une chaise et squats.

POSITIVE MINDSET

Oser les sensations fortes

Rien de tel pour vous sentir plus vivante qu'oser une activité à sensation ! Saut à l'élastique, en parachute, parapente, grand huit, via ferrata, tyrolienne géante, rafting, canyoning.... Le défi du jour : vous réserver cette sortie pour le week-end !

NOTES

-
-
-
-
-
-
-

MES TRACKERS

Plaisirs									☺
Bonnes actions									☺
Slow cooking									☺
Slow life									☺
Healthy food									☺
Training happy									☺

Mes 3 bonheurs du jour

1. ....
2. ....
3. ....

Mes 3 objectifs positifs pour demain

1. ....
2. ....
3. ....

MERCREDI

POSITIVE MINDSET

Si j'osais me faire vraiment plaisir...

Si vous vous autorisiez et que personne n'en savait rien et n'en pensait rien, qu'est-ce qui vous ferait vraiment plaisir ? Ajoutez cette liste des big kifs sur votre Carnet positif !

MOTIVATION

J'ai peur du regard des autres...

Tout le monde n'a pas la chance (et ne se donne pas les moyens comme vous) de vivre une vie aussi positive et agréable ! Vous sentez parfois de la jalousie autour de vous ? Lâchez prise sur le regard des autres, restez humble et authentique, partagez votre joie, mais intéressez-vous au moins autant aux plaisirs des autres, et tout se passera au mieux.

DÉFI POSITIF

Vos propres infusions bien-être

Pour vous faire du bien tout en vous faisant plaisir, confectionnez une infusion maison ! Faites bouillir 1 l d'eau, ajoutez-y des plantes (thym, verveine, menthe ou camomille) et, selon vos goûts, un jus de citron et/ou un peu de miel. Laissez infuser quelques minutes, filtrez et dégustez ! Le must : cueillir vous-même une ou plusieurs de vos plantes si vous en avez sur votre balcon ou s'il en pousse près de chez vous dans les champs ou dans un parc.

FEEL GOOD

Le petit chocolat de fin de repas

Si les desserts trop sucrés sont déconseillés, le chocolat noir à plus de 70 % est au contraire vivement recommandé ! Accompagnez chaque jour votre café, votre thé ou votre infusion de fin de repas d'un délicieux carré de chocolat noir à déguster très lentement pour faire durer le plaisir !

MES TRACKERS

Plaisirs									☺
Bonnes actions									☺
Slow cooking									☺
Slow life									☺
Healthy food									☺
Training happy									☺

NOTES

-
-
-
-
-
-
-

Mes 3 bonheurs du jour

1. ....
2. ....
3. ....

Mes 3 objectifs positifs pour demain

1. ....
2. ....
3. ....

JEUDI

MOTIVATION

Des plaisirs partagés

Le plaisir, c'est comme le bonheur, ça se multiplie quand on le partage ! Vous faire plaisir, c'est déjà génial ! Mais si en plus vous arrivez à partager ces moments précieux avec d'autres personnes qui y prennent autant de plaisir que vous… alors là, vous avez tout gagné !

DÉFI POSITIF

Repas vegan yummy

Manger healthy ne signifie pas végan, mais vous pouvez tester quelques recettes ! Préparez un cake végan aux olives à base de lait végétal pour remplacer le lait de vache et de tofu à la place du jambon, suivi d'un gratin de chou-fleur, brocolis, patates douces et de mendiants au chocolat végan et fruits secs…

POSITIVE MINDSET

Des discussions profondes

Avez-vous remarqué que les discussions les plus passionnantes que vous avez eues avec vos proches, voire même avec un·e inconnu·e, sont lancées sur des sujets métaphysiques pour refaire le monde ou sur des sujets profondément personnels pour repenser votre vie ? Aujourd'hui, lancez un de ces sujets.

FEEL GOOD

L'art du mandala

Un excellent moyen de reposer votre esprit est de colorier des mandalas, ces dessins spirituels d'origine hindoue servent à méditer. Prenez un mandala tout fait ou dessinez-en un et laissez libre cours à votre créativité pour illustrer votre mandala aux couleurs qui vous mettent la plus en joie !

NOTES

-
-
-
-
-
-
-

MES TRACKERS

Plaisirs

Bonnes actions

Slow cooking

Slow life

Healthy food

Training happy

Mes 3 bonheurs du jour

1.
2.
3.

Mes 3 objectifs positifs pour demain

1.
2.
3.

VENDREDI

POSITIVE MINDSET

Ma meilleure amie

Vous adorez certainement faire plaisir aux personnes que vous aimez et avec qui vous passez du temps. Mais quelle est la personne avec laquelle vous passez le plus de votre temps ? Vous-même ! Il est temps de prendre soin de vous et de vous faire vous-même plaisir comme si vous étiez votre propre meilleure amie !

DÉFI POSITIF

Le hundred

Allongez-vous, décollez le haut du buste et la tête, menton contre la poitrine, lombaires plaquées au sol. Décollez vos pieds, talons serrés. Puis faites des petits battements verticaux avec vos bras tendus à 5 cm du sol. Réalisez 100 battements, en gardant le rythme de 5 battements par inspiration et 5 battements par expiration.

FEEL GOOD

Les romans feel good

Un roman feel good, c'est une aventure divertissante qui fait du bien et qui donne la pêche ! Les personnages sont attachants et le happy end vous donne à chaque fois une bonne dose d'optimisme. Plongez-vous vite dans un bon roman feel good !

MOTIVATION

SOS ! Excès de kif

OK, là, vous vous êtes vraiment fait plaisir ces derniers temps ! C'est génial, mais… ça commence presque à en perdre de sa valeur. Pour ne pas tomber dans l'excès, prenez vraiment le temps d'apprécier les plaisirs simples et de remercier la vie pour l'abondance qu'elle vous offre déjà !

MES TRACKERS

Plaisirs	☐☐☐☐☐☐☐☐	☺
Bonnes actions	☐☐☐☐☐☐☐☐	☺
Slow cooking	☐☐☐☐☐☐☐☐	☺
Slow life	☐☐☐☐☐☐☐☐	☺
Healthy food	☐☐☐☐☐☐☐☐	☺
Training happy	☐☐☐☐☐☐☐☐	☺

NOTES

- ______
- ______
- ______
- ______
- ______
- ______
- ______

Mes 3 bonheurs du jour

1. ....
2. ....
3. ....

Mes 3 objectifs positifs pour demain

1. ....
2. ....
3. ....

SAMEDI

DÉFI POSITIF

Le plaisir de donner

On dit souvent que l'on reçoit ce que l'on donne, alors pour recevoir plus de plaisir dans votre vie, donnez-en encore plus ! Aujourd'hui, votre défi : donner 3 de vos objets personnels (livres, bijou, parfum… des objets que vous aimez et que vous avez envie de partager, pas des objets dont vous souhaitez vous débarrasser) à 5 personnes différentes.

POSITIVE MINDSET

Revenir à l'essentiel

Multiplier les plaisirs dans votre vie ne doit pas vous faire passer à côté de l'essentiel ! Qu'est-ce qui est si précieux dans votre vie que vous ne voudriez vous en séparer à aucun prix ? Faites la liste de vos essentiels et parlez-en aussi à vos proches pour leur donner encore plus de valeur.

FEEL GOOD

Massage cocooning du visage

Massez chaque zone de votre visage avec le bout de vos doigts : front, sourcils, yeux, nez, joues, tempes, mâchoire, contours de la bouche, cou. Vous pouvez utiliser une huile végétale (d'argan, d'amande ou de jojoba). Alternez des petits mouvements en cercle, de longs mouvements appuyés et des petits tapotements.

MOTIVATION

Je suis épanouie

Votre vie n'est certainement toujours pas parfaite, mais ça y est ! Vous incarnez la positive attitude, et votre vie vous comble de bonheur telle qu'elle est ! Bravo ! Attention à ne pas vous relâcher ! Le bonheur, c'est fragile et ça nécessite un entretien régulier !

NOTES

-
-
-
-
-
-
-

MES TRACKERS

Plaisirs

Bonnes actions

Slow cooking

Slow life

Healthy food

Training happy

Mes 3 bonheurs du jour

1. ....
2. ....
3. ....

Mes 3 objectifs positifs pour demain

1. ....
2. ....
3. ....

DIMANCHE

MOTIVATION

Merci aux personnes inspirantes

Certaines personnes, sans même s'en rendre compte, vous aident sur le chemin de votre épanouissement, elles vous inspirent par leur façon d'être ou par leurs paroles. Remerciez-les, ne serait-ce que par un petit mail ou un commentaire sur les réseaux sociaux pour les personnages publics.

FEEL GOOD

Mes accessoires girly

En mode « petits bonheurs », il suffit parfois d'un petit accessoire pailleté pour vous mettre des étoiles plein les yeux ! Gardez ce brin de folie, de légèreté et d'émerveillement et osez continuer à mettre des paillettes dans votre vie !

DÉFI POSITIF

Méditation du plaisir

Prenez 3 profondes respirations et fermez les yeux. Puis concentrez-vous sur tout ce qui vous procure du plaisir (visuel, olfactif, gustatif, auditif et tactile)… Respirez… Concentrez-vous sur ce que cela provoque en vous… Rouvrez doucement les yeux et appréciez encore quelques instants les bienfaits de cette séance.

POSITIVE MINDSET

Mon mantra du jour

Lisez le mantra du jour : « Je profite de chaque instant ». Puis réécrivez-le dans vos notes en bas de page et encore dans votre Carnet positif, voire sur un bracelet à porter à votre poignet que vous aurez toujours sous les yeux !

MES TRACKERS

Plaisirs	☐☐☐☐☐☐☐☐ ☺
Bonnes actions	☐☐☐☐☐☐☐☐ ☺
Slow cooking	☐☐☐☐☐☐☐☐ ☺
Slow life	☐☐☐☐☐☐☐☐ ☺
Healthy food	☐☐☐☐☐☐☐☐ ☺
Training happy	☐☐☐☐☐☐☐☐ ☺

NOTES

-
-
-
-
-
-
-

Mes 3 bonheurs du jour

1. …
2. …
3. …

Mes 3 objectifs positifs pour demain

1. …
2. …
3. …

Mon bilan semaine 10

Mes belles réussites	Mes axes de progression	Niveau bien-être, comment je me suis sentie ?
....	....	....
....	....	....
....	....	....
....	....	....
....	....	....
....	....	....

Satisfaction de mon niveau de slow life : PEUT MIEUX FAIRE ! ◎ ◎ ◎ ◎ ◎ ◎ ◎ ◎ ◎ ◎ AU TOP !

Satisfaction de mon niveau de food positive : PEUT MIEUX FAIRE ! AU TOP !

Satisfaction de mon niveau de training positif : PEUT MIEUX FAIRE ! AU TOP !

Comment j'ai géré ma pensée positive cette semaine ? PEUT MIEUX FAIRE ! ☆ ☆ ☆ ☆ ☆ ☆ ☆ ☆ ☆ ☆ AU TOP !

Ce qui m'a aidée…	Ce qui m'a freinée…	Ce que je peux faire la semaine prochaine pour progresser…
....	....	....
....	....	....
....	....	....
....	....	....
....	....	....
....	....	....

Cette semaine, vous vous êtes fait plaisir, et c'est essentiel pour vivre dans l'abondance positive ! Certaines pratiques vous ont peut-être plu davantage que d'autres, mais continuez à tout expérimenter ! Soyez toujours curieuse et audacieuse, et faites-vous plaisir en intégrant dans vos routines celles qui vous plaisent le plus. Mais entre la vitalité et le plaisir, votre enthousiasme peut vite vous épuiser, alors prenez toujours autant soin de votre slow attitude ! Rappelez-vous, tout est question d'équilibre !

Semaine 11

MON AGENDA FEEL GOOD

Pensez à bien noter dans votre agenda tout ce qui vous aidera à mieux vous organiser cette semaine :

- vos séances de training happy
- vos courses healthy
- vos temps slow cook
- vos temps slow life
- vos temps de plaisir
- vos temps de bonnes actions
- vos autres rendez-vous qui contribuent à votre mood positive

Jour	Date		
LUN	....	.....h.... :	.....h.... : ....
		.....h.... :	.....h.... : ....
		.....h.... :	.....h.... : ....
MA	....	.....h.... :	.....h.... : ....
		.....h.... :	.....h.... : ....
		.....h.... :	.....h.... : ....
MER	....	.....h.... :	.....h.... : ....
		.....h.... :	.....h.... : ....
		.....h.... :	.....h.... : ....
JEU	....	.....h.... :	.....h.... : ....
		.....h.... :	.....h.... : ....
		.....h.... :	.....h.... : ....
VEN	....	.....h.... :	.....h.... : ....
		.....h.... :	.....h.... : ....
		.....h.... :	.....h.... : ....
SA	....	.....h.... :	.....h.... : ....
		.....h.... :	.....h.... : ....
		.....h.... :	.....h.... : ....
DIM	....	.....h.... :	.....h.... : ....
		.....h.... :	.....h.... : ....
		.....h.... :	.....h.... : ....

MON INTENTION POSITIVE DE LA SEMAINE

Alors, dans quel mood positif voulez-vous particulièrement vous sentir cette semaine ? Entourez ce qui correspond le mieux à votre intention positive personnelle pour la semaine :

Cette semaine je vais me sentir

Inspirante

Efficace

Authentique

Passionnée

Confiante

Optimiste

Calme

Détendue

Présente

Fière

Sereine

Enthousiaste

Émerveillée

Inspirée

Paisible

Déterminée

Disponible

Courageuse

Créative

Pleine d'amour

Curieuse

Alignée

Rayonnante

Excitée

Reconnaissante

Admirative

Organisée

Audacieuse

Tranquille

Libre

Joyeuse

Complice

Pleine d'espoir

Généreuse

Amusante

Dynamique

Autre : ....

LUNDI

FEEL GOOD

La loi d'attraction

Reposant sur la croyance que l'univers attire à nous ce à quoi nous pensons (de positif ou de négatif), la loi d'attraction vous invite à focaliser votre attention sur ce que vous désirez pour l'attirer à vous ! Un film incontournable à voir sur le sujet : *The Secret* de Rhonda Byrne. Posez des intentions positives !

MOTIVATION

Go ! Je réalise mes rêves

Pour vivre la vie de vos rêves, il est indispensable de lister vos rêves, mais aussi de prendre la décision de tout mettre en œuvre dans votre vie pour les réaliser. Tout commence par cette décision, personnelle et profonde. Notez dans vos notes en bas de page « Je décide à partir de maintenant de rêver ma vie ET de réaliser mes rêves. »

DÉFI POSITIF

Ma dream list

Pour réaliser votre dream list, listez dans votre Carnet positif tout ce que vous rêvez de vivre au moins une fois dans votre vie : voyages, lieux à visiter, expériences, activités, apprentissages… Cette liste doit être complétée et mise à jour régulièrement en surlignant chaque rêve réalisé !

POSITIVE MINDSET

Des objectifs ambitieux

Pour accéder à un niveau de vie supérieur qui réponde encore mieux à vos besoins, il vous faut rehausser le niveau de vos objectifs. Fixez-vous des objectifs plus ambitieux : chaque nouvel objectif doit vous permettre de passer un cap vers une version améliorée de vous-même.

MES TRACKERS

Plaisirs										☺
Bonnes actions										☺
Slow cooking										☺
Slow life										☺
Healthy food										☺
Training happy										☺

NOTES

-
-
-
-
-
-
-

Mes 3 bonheurs du jour

1. ....
2. ....
3. ....

Mes 3 objectifs positifs pour demain

1. ....
2. ....
3. ....

MARDI

FEEL GOOD

L'arbre à souhaits

Bien ancré dans le sol par ses racines et étendu vers le ciel par ses branches, un arbre est un symbole de longévité et de sagesse. Créez votre arbre à souhaits en écrivant votre vœu le plus cher sur une bandelette à accrocher sur une branche de l'arbre. Utilisez un bonzaï ou autre petit arbre en pot, une jolie branche à accrocher au mur ou un arbre décoratif en métal.

POSITIVE MINDSET

En mode simple

Prenez l'engagement de la sobriété heureuse ou de la simplicité volontaire! Il s'agit d'un mode de vie consistant à réduire volontairement votre consommation et son impact en vue de mener une vie centrée sur vos valeurs et vos besoins essentiels.

DÉFI POSITIF

Ma journée parfaite

Maintenant que vous commencez à savoir exactement ce qui vous rend heureuse, réalisez le planning idéal d'une journée parfaite pour à la fois profiter de l'instant présent et contribuer à votre bonheur durable : rituels positifs du matin, séances feel good… Et affichez votre planning sur la porte de votre frigo!

MOTIVATION

Oups ! Je vois trop grand

Les doutes reviennent? Comment savoir si vous ne visez pas trop haut? En écoutant votre cœur! Vous êtes la seule personne à savoir ce dont vous avez vraiment besoin pour être heureuse. Si vos objectifs dépassent vos besoins, recentrez-vous sur l'essentiel! Sinon, allez au bout de vos rêves!

NOTES

-
-
-
-
-
-
-

MES TRACKERS

Plaisirs									☺
Bonnes actions									☺
Slow cooking									☺
Slow life									☺
Healthy food									☺
Training happy									☺

Mes 3 bonheurs du jour

1. ……………………………
2. ……………………………
3. ……………………………

Mes 3 objectifs positifs pour demain

1. ……………………………
2. ……………………………
3. ……………………………

MERCREDI

FEEL GOOD

J'attire les pensées positives

Votre subconscient, c'est cette partie de vous qui vous guide sans que vous en ayez conscience. Répétez-vous chaque matin et chaque soir des affirmations positives pour muscler votre subconscient, pour vous programmer, et les pensées positives finiront par venir d'elles-mêmes à tout moment de la journée.

DÉFI POSITIF

Mon corps idéal

En mode abondance positive, vous rêvez sans doute d'un corps parfait ? Mais un corps parfait pour vous, ce n'est pas un corps de top model. Restez concentrée sur vos besoins et décrivez dans votre Carnet positif le corps (et l'état d'esprit) dans lequel vous seriez vraiment épanouie.

MOTIVATION

Aïe ! Je suis à découvert

Vous voilà la tête dans les nuages, c'est génial, mais pensez à bien garder tout de même les pieds sur terre. Il est possible que le principe de réalité vous rattrape (un découvert ou de l'épuisement, par exemple). Restez attentive à ces signes, pour continuer à avancer, bien sûr, mais en toute sécurité !

POSITIVE MINDSET

Ce que je rêve d'apprendre

Dans votre dream list, ajoutez toutes les compétences que vous aimeriez développer : apprendre l'italien, le piano, savoir faire un potager bio, rénover un meuble… Listez vraiment tout ce que vous rêveriez d'apprendre ! L'abondance sera de les réaliser !

MES TRACKERS

Plaisirs									☺
Bonnes actions									☺
Slow cooking									☺
Slow life									☺
Healthy food									☺
Training happy									☺

NOTES

-
-
-
-
-
-
-

Mes 3 bonheurs du jour

1. ....
2. ....
3. ....

Mes 3 objectifs positifs pour demain

1. ....
2. ....
3. ....

JEUDI

FEEL GOOD

Dream list des lieux à visiter

Complétez votre dream list de tous les lieux que vous rêvez de visiter, dans votre ville, votre région, votre pays, mais aussi à travers le monde (monuments, lieux, paysages). Où iriez-vous au moins une fois dans votre vie ? Tentez ensuite de réaliser ces rêves !

POSITIVE MINDSET

Je transforme mes désirs en réalité

La méthode à succès de Napoleon Hill : écrivez clairement sur un papier ce que vous désirez, la contre-partie que vous êtes prête à payer, une date précise pour l'obtenir et le plan d'action précis. Puis lisez ce papier à haute voix 2 fois par jour, matin et soir, en vous imaginant à chaque fois ce désir réalisé, jusqu'à y parvenir !

MOTIVATION

Hello, synchronicités !

Plus vous avancez dans la bonne direction, plus vous allez observer de synchronicités, c'est-à-dire de belles coïncidences assez incroyables ! Il n'y pas de hasard, vous attirez simplement à vous ce sur quoi vous portez votre attention. Le focus positif attire le positif, alors gardez le cap !

DÉFI POSITIF

Ma pierre de gratitude

Prenez un galet, puis écrivez dessus avec un marqueur spécial : « GRATITUDE ». Décorez-le et placez-le dans un endroit visible ou dans votre sac à main. Déplacez-le régulièrement, pour lui redonner de la valeur et penser à remercier pour l'abondance que vous obtenez déjà.

NOTES

- ______
- ______
- ______
- ______
- ______
- ______
- ______

MES TRACKERS

Plaisirs	☐☐☐☐☐☐☐☐	☺
Bonnes actions	☐☐☐☐☐☐☐☐	☺
Slow cooking	☐☐☐☐☐☐☐☐	☺
Slow life	☐☐☐☐☐☐☐☐	☺
Healthy food	☐☐☐☐☐☐☐☐	☺
Training happy	☐☐☐☐☐☐☐☐	☺

Mes 3 bonheurs du jour

1. ....
2. ....
3. ....

Mes 3 objectifs positifs pour demain

1. ....
2. ....
3. ....

VENDREDI

POSITIVE MINDSET

Lettre à mon futur moi

www.futureme.org : ce site vous propose d'écrire une lettre à vous-même et de vous la faire parvenir dans quelques mois ou années, selon votre préférence. Vous ne savez pas ce que sera votre vie d'ici là, mais qu'avez-vous envie de dire à celle que vous serez devenue ? Écrivez-vous cette lettre, programmez une date..., et réalisez ces rêves d'ici là !

DÉFI POSITIF

Partir en week-end sur un coup de tête

Qui n'a jamais rêvé de partir en voyage sur un coup de tête ? Génial, comme expérience pour votre dream list, non ? Et si vous commenciez par partir en week-end sur un coup de tête... aujourd'hui ? Cap ?

MOTIVATION

SOS ! Je veux garder les pieds sur terre

Penser à l'avenir, voir grand, viser la lune... c'est excitant ! Mais c'est aussi effrayant parfois. Continuez à rêver et à avancer, en veillant à anticiper les obstacles, les risques, les difficultés, et les moyens de les surmonter !

FEEL GOOD

La posture de l'enfant

Au réveil ou au coucher, étirez-vous grâce à cette posture : positionnez-vous à quatre pattes, posez vos fessiers sur vos talons et fléchissez le buste vers le sol. Glissez vos mains tendues sur le sol, jusqu'à ce que votre front se pose naturellement au sol. Respirez profondément dans cette position durant 2 à 3 minutes.

MES TRACKERS

									☺
Plaisirs									☺
Bonnes actions									☺
Slow cooking									☺
Slow life									☺
Healthy food									☺
Training happy									☺

NOTES

-
-
-
-
-
-
-

Mes 3 bonheurs du jour

1. ....
2. ....
3. ....

Mes 3 objectifs positifs pour demain

1. ....
2. ....
3. ....

SAMEDI

MOTIVATION

Je kiffe ma vie

Vos journées et vos semaines sont de plus en plus agréables. Vous évoluez, mais votre vie aussi évolue ! Vous aimez de plus en plus la personne que vous devenez et la vie que vous menez. Alors appréciez et prenez soin de cette nouvelle vie pour qu'elle dure le plus longtemps possible !

POSITIVE MINDSET

S'autoriser à recevoir

Accepter de recevoir rime parfois avec se sentir redevable. Stop ! D'autres personnes aiment donner sans attendre en retour ! Accueillez, appréciez, remerciez et donnez à votre tour à d'autres personnes, c'est le cycle naturel le plus positif pour une vie sociale harmonieuse.

FEEL GOOD

Visualisation love vibes

Fermez les yeux, prenez 3 profondes respirations et imaginez votre cœur qui bat, qui s'illumine un peu plus à chaque battement, qui rayonne et qui diffuse cet amour dans tout votre corps, puis tout autour de vous, et même dans tout l'univers… Appréciez-en les bienfaits quelques instants.

DÉFI POSITIF

Le chèque d'abondance

Même si l'abondance ne repose pas que sur l'argent, pour attirer à vous la somme dont vous avez besoin pour vous sentir sereine et libre de vivre la vie de vos rêves, selon les principes de la loi d'attraction, il vous suffit d'écrire cette somme sur un chèque adressé à votre ordre, daté et signé. Votre subconscient vous guidera ensuite comme si vous aviez réellement cette somme et vous l'attirerez avec des comportements inconscients adaptés.

NOTES

-
-
-
-
-
-
-

MES TRACKERS

Plaisirs										☺
Bonnes actions										☺
Slow cooking										☺
Slow life										☺
Healthy food										☺
Training happy										☺

Mes 3 bonheurs du jour

1. ....
2. ....
3. ....

Mes 3 objectifs positifs pour demain

1. ....
2. ....
3. ....

DIMANCHE

POSITIVE MINDSET

Mon mantra du jour

Lisez le mantra du jour : « Je rêve ma vie et je vis mes rêves ». Puis réécrivez-le dans vos notes en bas de page et encore dans votre Carnet positif. Vous pouvez aussi l'imprimer avec une étiqueteuse et coller l'étiquette tout en haut de votre miroir pour penser à viser plus haut !

FEEL GOOD

Mon vision board

Prenez une grande feuille cartonnée, des ciseaux, de la colle, du masking tape fantaisie et imprimez des images inspirantes. Composez ensuite un ensemble de photos, d'images et de textes qui représentent la vision de votre avenir idéal et scotchez-les sur le support avec le masking tape. Ce tableau vous rappellera vos rêves.

DÉFI POSITIF

Méditation de l'abondance

Prenez 3 profondes respirations et fermez les yeux. Puis concentrez-vous sur la vision d'une vie abondante, celle que vous pourriez avoir, celle que vous aurez… Respirez… Concentrez-vous sur ce que cela provoque en vous… Rouvrez doucement les yeux et appréciez encore quelques instants les bienfaits de cette séance.

MOTIVATION

Merci à ma bonne étoile

Vous croyez sans doute en quelque chose de plus grand, d'invisible, qui veille d'une façon ou d'une autre sur vous : que ce soit votre bonne étoile, votre ange gardien ou une personne de votre lignée familiale… pensez à le remercier pour cette présence que vous ressentez et qui vous aide à avancer !

MES TRACKERS

- *Plaisirs*
- *Bonnes actions*
- *Slow cooking*
- *Slow life*
- *Healthy food*
- *Training happy*

NOTES

-
-
-
-
-
-
-

Mes 3 bonheurs du jour

1. ....
2. ....
3. ....

Mes 3 objectifs positifs pour demain

1. ....
2. ....
3. ....

Mon bilan semaine 11

Mes belles réussites

....
....
....
....
....
....

Mes axes de progression

....
....
....
....
....
....

Niveau bien-être, comment je me suis sentie ?

....
....
....
....
....
....

Satisfaction de mon niveau de slow life : PEUT MIEUX FAIRE ! ◎ ◎ ◎ ◎ ◎ ◎ ◎ ◎ ◎ ◎ AU TOP !

Satisfaction de mon niveau de food positive : PEUT MIEUX FAIRE ! AU TOP !

Satisfaction de mon niveau de training positif : PEUT MIEUX FAIRE ! AU TOP !

Comment j'ai géré ma pensée positive cette semaine ? PEUT MIEUX FAIRE ! ☆ ☆ ☆ ☆ ☆ ☆ ☆ ☆ ☆ ☆ AU TOP !

Ce qui m'a aidée...

....
....
....
....
....
....

Ce qui m'a freinée...

....
....
....
....
....
....

Ce que je peux faire la semaine prochaine pour progresser...

....
....
....
....
....
....

Cette semaine, vous avez osé voir les choses en grand et vous vous êtes plongée dans votre vie de rêve ! Une partie de vous a peut-être un peu de mal à croire que tout cela soit possible et se demande si c'est bien réalisable. C'est le moment de faire appel à votre optimisme, de vous faire confiance et de vous ouvrir à un monde où les possibles sont plus grands. Vous vous êtes déjà prouvé que vous étiez capable de bien plus de choses que vous ne pensiez, alors continuez à croire en vous et en l'avenir et gardez le cap sur vos rêves !

Semaine 12

MON AGENDA FEEL GOOD

Pensez à bien noter dans votre agenda tout ce qui vous aidera à mieux vous organiser cette semaine :

- vos séances de training happy
- vos courses healthy
- vos temps slow cook
- vos temps slow life
- vos temps de plaisir
- vos temps de bonnes actions
- vos autres rendez-vous qui contribuent à votre mood positive

LUN	.....h.... :	.....h.... : ....
	.....h.... :	.....h.... : ....
	.....h.... :	.....h.... : ....
MA	.....h.... :	.....h.... : ....
	.....h.... :	.....h.... : ....
	.....h.... :	.....h.... : ....
MER	.....h.... :	.....h.... : ....
	.....h.... :	.....h.... : ....
	.....h.... :	.....h.... : ....
JEU	.....h.... :	.....h.... : ....
	.....h.... :	.....h.... : ....
	.....h.... :	.....h.... : ....
VEN	.....h.... :	.....h.... : ....
	.....h.... :	.....h.... : ....
	.....h.... :	.....h.... : ....
SA	.....h.... :	.....h.... : ....
	.....h.... :	.....h.... : ....
	.....h.... :	.....h.... : ....
DIM	.....h.... :	.....h.... : ....
	.....h.... :	.....h.... : ....
	.....h.... :	.....h.... : ....

MON INTENTION POSITIVE DE LA SEMAINE

Alors, dans quel mood positif voulez-vous particulièrement vous sentir cette semaine ? Entourez ce qui correspond le mieux à votre intention positive personnelle pour la semaine :

Cette semaine je vais me sentir

INSPIRANTE
Efficace
AUTHENTIQUE
Confiante
OPTIMISTE
PASSIONNÉE
Calme
DÉTENDUE
PRÉSENTE
Fière
Sereine
ÉMERVEILLÉE
ENTHOUSIASTE
INSPIRÉE
PAISIBLE
Déterminée
Disponible
CRÉATIVE
COURAGEUSE
PLEINE D'AMOUR
CURIEUSE
ALIGNÉE
Rayonnante
EXCITÉE
Reconnaissante
ADMIRATIVE
ORGANISÉE
AUDACIEUSE
TRANQUILLE
LIBRE
Joyeuse
COMPLICE
PLEINE D'ESPOIR
GÉNÉREUSE
AMUSANTE
Dynamique
AUTRE : ....

LUNDI

FEEL GOOD

Réflexologie plantaire

Selon la médecine traditionnelle chinoise, le pied est relié à vos organes et parties de votre corps par des méridiens, des canaux invisibles qui permettent à l'énergie de circuler dans le corps. Stimuler ces zones réflexes relance votre circulation sanguine et vous libère de vos tensions. Exercez des pressions avec le pouce des orteils en redescendant vers le talon, en progressant de quelques millimètres à chaque fois.

MOTIVATION

Go ! Je contribue à un monde meilleur

Ce qui est formidable quand on se lance dans l'aventure de la positive attitude, c'est qu'on muscle autant son optimisme que son altruisme. Vous voilà le cœur grand ouvert, avec l'envie de faire du bien aux autres et au monde ? Allez-y, apportez votre pierre à l'édifice d'un monde meilleur !

DÉFI POSITIF

Une retraite de silence

Le silence est la nouvelle tendance. Détoxifiez votre esprit avec une petite retraite silencieuse : durant toute une journée, rendez-vous dans un lieu calme et coupez toute source de bruit autre que ceux de la nature. Appréciez le silence autour de vous et en vous !

POSITIVE MINDSET

Ma mission de vie

Imaginez que, à votre naissance, une petite fée vous a donné une mission ; quelle serait cette mission ? Si elle vous avait transmis un message à diffuser au monde, à vos enfants, vos proches ou au-delà, quel serait ce message ? Réfléchissez-y et notez vos réflexions sur votre Carnet positif.

MES TRACKERS

Plaisirs	☺
Bonnes actions	☺
Slow cooking	☺
Slow life	☺
Healthy food	☺
Training happy	☺

NOTES

-
-
-
-
-
-
-

Mes 3 bonheurs du jour

1. ....
2. ....
3. ....

Mes 3 objectifs positifs pour demain

1. ....
2. ....
3. ....

MARDI

MOTIVATION

Oups ! Syndrome de l'imposteur

Vous avez de quoi être fière de votre parcours depuis le début du programme et jusqu'à maintenant, mais aussi depuis le début de votre vie. Pourtant, vous doutez encore de vous-même. Si vous en êtes là, c'est que vous vous en êtes donné les moyens ! Vous méritez votre bonheur !

FEEL GOOD

Définir et suivre ses valeurs

Vos valeurs vous guident et donnent un sens à vos actes. Elles sont votre boussole, le socle sur lequel vous bâtissez votre vie. Liberté, authenticité, partage, respect, honnêteté, solidarité, empathie, bienveillance… ? Identifiez et listez vos valeurs pour mieux les respecter !

POSITIVE MINDSET

Je trouve mon ikigai

L'ikigai, c'est la raison d'être de chaque personne. Votre ikigai se trouve à la jonction entre ce que vous aimez faire, ce pour quoi vous êtes douée, ce dont le monde a besoin et ce pour quoi vous pouvez être payée. Établissez une liste pour chacune de ces catégories et recoupez le tout.

DÉFI POSITIF

Le trashtag challenge

Grâce au trashtag challenge, le ramassage des déchets est devenu une tendance ! Le principe est simple : trouvez un lieu plein de déchets, photographiez-le, procédez au nettoyage de la zone et reprenez une photo… Puis partagez les 2 images sur vos réseaux sociaux. Bon pour la planète, votre altruisme et votre positive attitude !

NOTES

-
-
-
-
-
-
-

MES TRACKERS

Plaisirs										☺
Bonnes actions										☺
Slow cooking										☺
Slow life										☺
Healthy food										☺
Training happy										☺

Mes 3 bonheurs du jour

1. ....
2. ....
3. ....

Mes 3 objectifs positifs pour demain

1. ....
2. ....
3. ....

MERCREDI

FEEL GOOD

Affirmer la puissance de son féminin

Touchez à votre essence la plus profonde, devenez enfin celle que vous êtes vraiment et marquez de votre empreinte personnelle ce monde avec ce que vous avez de meilleur à donner en révélant la puissance de votre féminin : vous contribuerez à diffuser de la sensibilité, de l'intuition et de l'amour dans ce monde.

MOTIVATION

Aïe ! Je me sens impuissante

Même avec le meilleur focus positif du monde, vous ne changerez pas la réalité, parfois dure, injuste et cruelle. Ne baissez pas les bras pour autant ! Faites votre part, agissez à votre niveau pour ce qui vous semble juste. Si tout le monde fait comme vous, le monde changera !

DÉFI POSITIF

Je participe à une campagne de crowdfunding

En accord avec votre vision d'un monde meilleur, choisissez un projet à soutenir par une campagne de crowdfunding. Votre don fera plaisir au créateur du projet et vous adorerez le voir réalisé. Vous contribuez ainsi à l'abondance dans le monde.

POSITIVE MINDSET

Si je pouvais changer le monde

Imaginez que vous avez le pouvoir de changer 3 choses pour rendre le monde meilleur : quelles sont les priorités pour un meilleur avenir pour tous ? Notez-les dans votre Carnet positif et, pour chacune, trouvez au moins une action que vous pourriez réaliser dans le mois à venir.

MES TRACKERS

Plaisirs ☐☐☐☐☐☐☐☐ ☺

Bonnes actions ☐☐☐☐☐☐☐☐ ☺

Slow cooking ☐☐☐☐☐☐☐☐ ☺

Slow life ☐☐☐☐☐☐☐☐ ☺

Healthy food ☐☐☐☐☐☐☐☐ ☺

Training happy ☐☐☐☐☐☐☐☐ ☺

NOTES

- ……
- ……
- ……
- ……
- ……
- ……
- ……

Mes 3 bonheurs du jour

1. ……
2. ……
3. ……

Mes 3 objectifs positifs pour demain

1. ……
2. ……
3. ……

JEUDI

POSITIVE MINDSET

Donner du bonheur

Pour savoir comment contribuer au bonheur des autres, le plus simple est… de leur demander ! Osez aborder le sujet avec vos proches. Commencez par évoquer comment ils vous rendent heureuse et demandez-leur ce que vous faites déjà et ce que vous pourriez faire de plus pour contribuer à leur bonheur.

FEEL GOOD

Pieds nus dans la nature

Pour être sûre de ne pas vous égarer de votre chemin de vie, prenez régulièrement le temps de marcher pieds nus en pleine nature. Cultivez cette pratique simple : reconnectez-vous à la terre, à vos racines, et ressourcez-vous grâce à l'énergie naturelle du sol.

DÉFI POSITIF

Faire rire 3 personnes

Le rire est l'un des meilleurs remèdes. Si rire vous fait du bien, faire rire les autres est tout aussi jouissif, voire plus encore ! Lancez-vous donc le défi de faire rire au moins 3 personnes dans les 24 heures à venir ! Amusez-vous bien !

MOTIVATION

Je fais ma part

Selon une légende amérindienne, lors d'un incendie de forêt, tous les animaux terrifiés observaient le désastre, sauf un petit colibri, qui jetait des gouttes d'eau sur le feu avec son bec. Quand le tatou lui fait remarquer que ce n'est pas ainsi qu'il éteindra ce feu, le colibri lui répond qu'il le sait, mais qu'il fait sa part. Faites votre part et soyez-en fière !

NOTES

-
-
-
-
-
-
-

MES TRACKERS

Plaisirs

Bonnes actions

Slow cooking

Slow life

Healthy food

Training happy

Mes 3 bonheurs du jour

1. ……………………………
2. ……………………………
3. ……………………………

Mes 3 objectifs positifs pour demain

1. ……………………………
2. ……………………………
3. ……………………………

VENDREDI

DÉFI POSITIF

Je plante un arbre

Participez à la reforestation de la planète en vous offrant un arbre. De nombreuses associations proposent de planter des arbres et des forêts à votre nom un peu partout sur Terre contre un don très modeste. Un très beau cadeau aussi à offrir, symbolique, original, écologique et durable !

MOTIVATION

SOS ! Ils ne me comprennent pas

Rappelez-vous, il y a quelques mois…
Qu'auriez-vous pensé d'une personne qui prône l'optimisme, l'alimentation healthy et la quête du sens de la vie ? Tout le monde ne peut pas comprendre, car il faut le vivre pour en saisir tous les bienfaits. Ne cherchez pas à convaincre, montrez l'exemple !

FEEL GOOD

Un bain nature

Ressourcez-vous dès que vous en avez l'occasion en vous baignant dans une rivière, un lac, un étang, la mer ou l'océan. Vous pouvez aussi vous offrir un bon bain dans les eaux chaudes des sources naturelles, des eaux thermales ou même dans un bain naturel de boue !

POSITIVE MINDSET

Ma contribution aux futures générations

Quel impact voulez-vous avoir sur les futures générations ? Il ne s'agit plus là uniquement d'actions, mais de principes, valeurs et philosophie de vie que vous voulez transmettre à vos descendants. Faites la liste de ce qui vous semble essentiel à transmettre aux futures générations !

MES TRACKERS

Plaisirs

Bonnes actions

Slow cooking

Slow life

Healthy food

Training happy

NOTES

•

•

•

•

•

•

•

Mes 3 bonheurs du jour

1. ....
2. ....
3. ....

Mes 3 objectifs positifs pour demain

1. ....
2. ....
3. ....

SAMEDI

FEEL GOOD

Une soirée hygge entre amies

Tendance cocooning des pays scandinaves, le hygge vous invite à privilégier des moments de bien-être, conviviaux et chaleureux, avec vos proches. Invitez vos amis pour une soirée et proposez-leur une bonne soupe, quelques jeux de sociétés, un bon chocolat chaud et des discussions sans fin au coin du feu !

DÉFI POSITIF

Mon espace de méditation

Ce programme touche bientôt à sa fin, mais pour continuer à réfléchir sur vous-même et sur le monde, créez votre espace de méditation, un petit coin à vous, avec des coussins, de la déco zen, des bougies et de l'encens. Cela vous donnera envie de venir vous y recentrer dès que vous en sentirez le besoin.

MOTIVATION

J'ai un impact positif sur le monde, ça claque !

Que vous le vouliez ou non, en développant votre pensée positive, vous avez forcément un impact positif sur le monde ! Prenez-en conscience et listez tout ce que vous avez accompli qui a pu avoir un tel impact. Ne soyez pas modeste, soyez fière de vous !

POSITIVE MINDSET

L'abondance universelle

Rassurez-vous, le monde est abondance, et vous ne priverez jamais quelqu'un de quelque chose d'essentiel pour lui si c'est vraiment essentiel pour vous. Le monde est bien fait, il y aura toujours le nécessaire pour le bonheur de tous ceux qui sauront s'en saisir.

NOTES

-
-
-
-
-
-
-

MES TRACKERS

Plaisirs									☺
Bonnes actions									☺
Slow cooking									☺
Slow life									☺
Healthy food									☺
Training happy									☺

Mes 3 bonheurs du jour

1. ....
2. ....
3. ....

Mes 3 objectifs positifs pour demain

1. ....
2. ....
3. ....

DIMANCHE

MOTIVATION

Merci à la vie

Ce qui vous permet de vous sentir si bien, si vivante, c'est avant tout la vie en elle-même ! Impalpable, abstraite et conceptuelle, elle est pourtant bien réelle. Prenez le temps d'exprimer votre gratitude à la vie : remerciez-la de tout ce qu'elle vous a permis de vivre de meilleur et de tout ce qu'elle vous a appris pour être toujours plus épanouie !

DÉFI POSITIF

Méditation de contribution

Prenez 3 profondes respirations et fermez les yeux. Puis rappelez-vous vos bonnes actions, vos actions altruistes et vos contributions… Respirez… Concentrez-vous sur ce que cela provoque en vous… Rouvrez doucement les yeux et appréciez encore quelques instants les bienfaits de cette séance.

FEEL GOOD

Votre petit autel spirituel

Regroupez vos objets spirituels autour de votre espace de méditation, tel un petit autel laïque devant lequel vous pourrez pratiquer vos exercices de pensée positive. Placez-y votre pierre de gratitude, votre bracelet d'optimisme, un bonzaï et tout autre objet qui vous apaise ou vous recentre vers l'essentiel.

POSITIVE MINDSET

Mon mantra du jour

Lisez le mantra du jour : « Je vis une vie pleine de sens ». Puis réécrivez-le dans vos notes en bas de page, dans votre Carnet positif et sur un tableau à accrocher dans votre entrée pour y penser à chaque fois que vous entrez ou sortez de chez vous.

MES TRACKERS

- Plaisirs ☺
- Bonnes actions ☺
- Slow cooking ☺
- Slow life ☺
- Healthy food ☺
- Training happy ☺

NOTES

-
-
-
-
-
-
-

Mes 3 bonheurs du jour

1. ……
2. ……
3. ……

Mes 3 objectifs positifs pour demain

1. ……
2. ……
3. ……

Mon bilan semaine 12

Mes belles réussites

....

Mes axes de progression

....

Niveau bien-être, comment je me suis sentie ?

....

Satisfaction de mon niveau de slow life : PEUT MIEUX FAIRE ! ◎ ◎ ◎ ◎ ◎ ◎ ◎ ◎ ◎ ◎ AU TOP !

Satisfaction de mon niveau de food positive : PEUT MIEUX FAIRE ! AU TOP !

Satisfaction de mon niveau de training positif : PEUT MIEUX FAIRE ! AU TOP !

Comment j'ai géré ma pensée positive cette semaine ? PEUT MIEUX FAIRE ! ☆ ☆ ☆ ☆ ☆ ☆ ☆ ☆ ☆ ☆ AU TOP !

Ce qui m'a aidée...

....

Ce qui m'a freinée...

....

Ce que je peux faire la semaine prochaine pour progresser...

....

Ça y est ! Vous êtes à la fin du programme et vous avez forcément fait de très nombreux progrès au niveau de votre pensée positive ! Peut-être même bien plus que ce à quoi vous vous attendiez ! En plus, vous avez pris de très bonnes habitudes alimentaires et sportives, sans parler de la slow attitude que vous avez développée en parallèle de votre positive attitude ! Vous pouvez vraiment être fière de vous, ne serait-ce que d'être allée au bout de votre programme ! Félicitations !

Bilan mois 3

Ma checklist

- ☐ Je me sens en pleine forme
- ☐ J'adore prendre le temps de préparer mes repas
- ☐ Je n'ai jamais pris autant de temps à me faire plaisir
- ☐ J'ai trouvé le rythme de sport qui me rend heureuse
- ☐ Je sens que je vais réaliser plein de mes rêves
- ☐ J'ai commencé à alléger mon intérieur
- ☐ J'ai trouvé ce que je veux faire de ma vie
- ☐ J'apprécie l'abondance positive qui est déjà dans ma vie
- ☐ Je me sens utile et j'adore ça
- ☐ J'attire à moi de plus en plus d'abondance

Résultat : .... / 10

Mon score

Au-dessous de 5/10 : vous avez fait ce que vous pouviez, mais les objectifs de ce 3e mois étaient peut-être un peu trop ambitieux pour vous pour le moment. Un pas après l'autre ! Prenez le temps de revenir sur ce qui vous a posé le plus de difficulté et n'hésitez à demander de l'aide à votre allié. Mais vous avez déjà forcément progressé au niveau de votre pensée positive. Il ne vous reste qu'à parfaire le tout. Soyez patiente et persévérante, vous y arriverez !

Entre 5 et 8/10 : vous n'avez peut-être pas tenu parfaitement le rythme ce mois-ci, mais vous avez avancé quoi qu'il en soit et, rien que pour ça, vous pouvez être fière de vous ! Il ne reste que quelques derniers pas à franchir pour atteindre l'abondance positive, vous y êtes presque. Le processus de changement s'adapte au rythme de chacun, et avec le temps, en gardant le cap sur le positif, vous atteindrez bientôt la vie de vos rêves ! Continuez sur votre lancée et félicitez-vous du chemin déjà accompli !

Au-dessus de 8 /10 : vous avez atteint vos objectifs, bravo ! Vous vous sentez hyperpositive, hyperoptimiste, hyperconfiante, et avez trouvé le rythme idéal pour allier la sérénité et l'enthousiasme, partageant votre temps entre des instants de slow life et des moments de flow, mais aussi entre des temps pour vous et d'autres pour contribuer à un monde meilleur ! Vous avez installé solidement vos rituels positifs et trouverez les moyens d'entretenir et même de renforcer encore et toujours plus votre positive attitude ! En route vers une vie toujours plus épanouie !

Ce dont je suis le plus fière

....

....

....

....

....

Mes atouts

....

....

....

....

....

....

Mon bien-être

Alors, globalement, sur le mois, avez-vous bien pratiqué vos séances de training happy ? Avez-vous tenu vos rituels quotidiens des 3 bonheurs du jour et de vos objectifs positifs pour le lendemain ? Avez-vous ralenti votre rythme pour cuisiner et passer en mode minimaliste ? Et êtes-vous devenue une green gourmande adepte de la healthy food ? Chacun de ces rituels positifs a son importance. N'en négligez aucun pour continuer à obtenir un max de résultats ! Coloriez selon votre satisfaction.

Pensée positive ☐☐☐☐☐☐☐☐ ☺

Minimalisme ☐☐☐☐☐☐☐☐ ☺

Food positive ☐☐☐☐☐☐☐☐ ☺

Training positif ☐☐☐☐☐☐☐☐ ☺

Mandala motivation

Bravo ! Super journée et objectifs atteints !

Yes ! Bonne journée dans l'ensemble, objectifs quasiment respectés

Bof ! Pas très satisfaite... je ferai mieux demain !

Aïe ! Impossible de tenir les objectifs...

Coloriez la case du jour selon la légende. Vous dessinez ainsi l'atmosphère de votre programme et votre réussite !

MES NOTES

MES NOTES

MES NOTES

Conclusion

La fin de votre programme n'est que le début de votre nouvelle vie ! Maintenant que vous avez pris goût à cette vie positive en pleine conscience, à cette positive attitude, à cette abondance positive et à tous ces moments de plaisir et de bonnes actions, continuez sur votre lancée ! Votre vie de rêve ne fait que commencer ! Un jour après l'autre, maintenez des rituels positifs pour entretenir vos bonnes habitudes de slow life, de food positive et de training positif !

Sentez-vous libre de réadapter votre agenda en fonction du contexte et de vos envies, mais gardez le cap vers une vie riche en pensées positives et pleine de sens ! À la moindre baisse de moral, reprenez votre programme et n'hésitez pas à le faire évoluer et à varier les plaisirs et les séances feel good dès que vous n'observez plus aucun effet positif.

Pour vous aider dans votre progression positive, vous trouverez encore deux dernières ressources en annexe : 4 challenges positifs à relever dans les mois à venir (pages suivantes) et une happy box, votre trousse de secours du bonheur (p. 211).

Quoi qu'il arrive, continuez à remplir votre Carnet positif jour après jour, et surtout continuez à prendre du plaisir chaque jour !

Mes challenges positifs

Mon challenge gratitude sur 6 mois

Voici un petit challenge gratitude à relever durant les 6 prochains mois pour continuer à renforcer votre positive attitude ! Le principe ? Pour chaque semaine durant laquelle vous ressentez de la gratitude, coloriez un galet de gratitude ! Objectif : remplir le maximum de galets !

Mon challenge minimalisme sur 6 mois

Un petit challenge minimaliste à relever durant les 6 prochains mois pour continuer à développer votre slow attitude ! Le principe ? Listez au fur et à mesure tout ce dont vous pourriez vous passer et cochez la case correspondante si vous vous êtes débarrassée de cet objet ! Objectif : colorier le maximum de tiroirs !

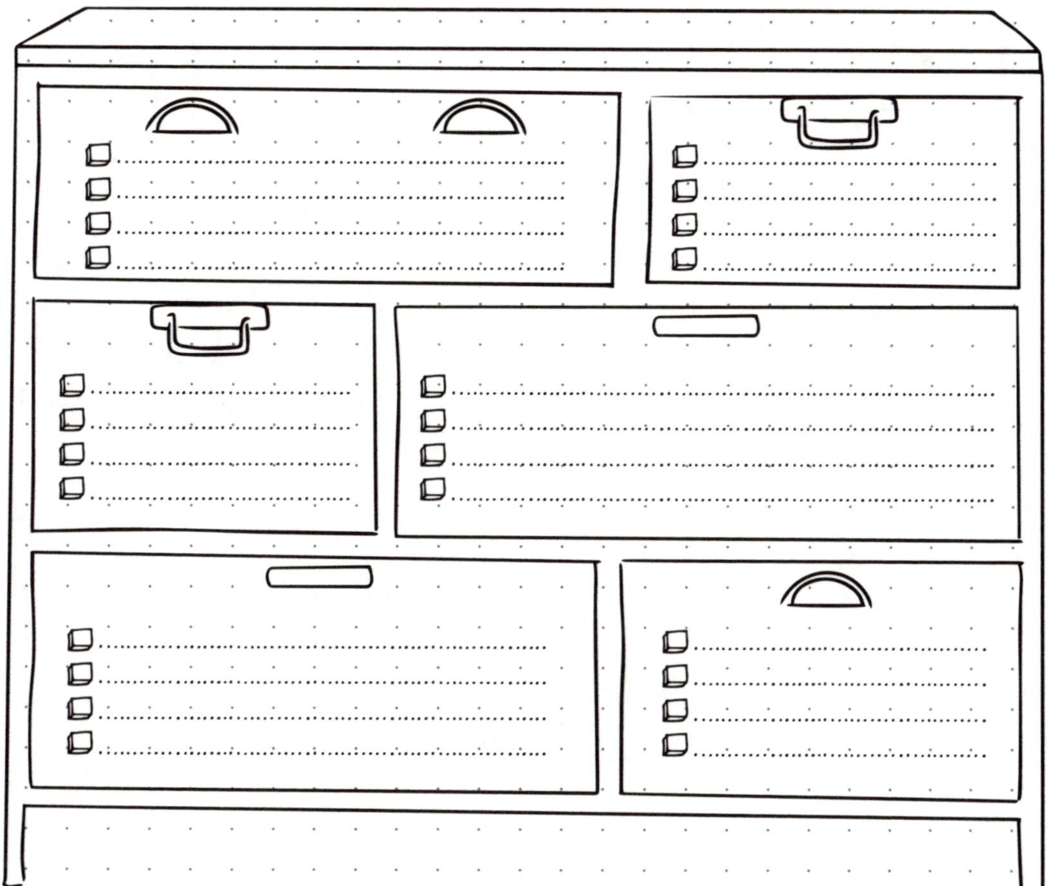

Mon challenge gainage matinal sur 6 mois

Un petit challenge gainage matinal à relever durant les 6 prochains mois pour activer votre corps dès le réveil en quelques minutes ! Le principe ? Pour chaque semaine où vous aurez réalisé votre petit parcours de gainage décrit ci-après au moins 4 jours, coloriez une case de plus de ce parcours sportif ! Objectif : remplir le maximum de cases !

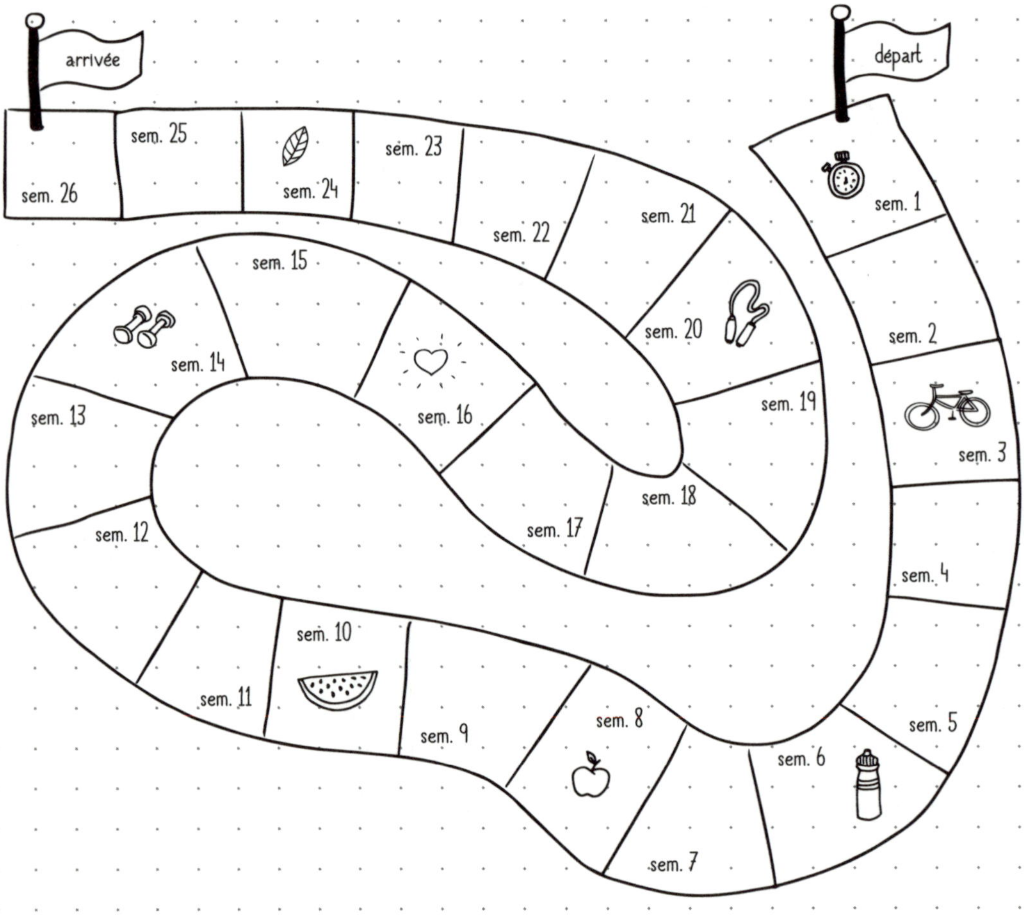

Votre petit parcours quotidien de gainage

(niveau débutant – les 2 premiers mois)

- Planche ventrale sur les coudes : 20 secondes
- Planche latérale droite sur les coudes : 20 seconde en posture sur les coudes
- Planche ventrale sur les coudes : 20 secondes
- Planche latérale gauche sur les coudes : 20 secondes

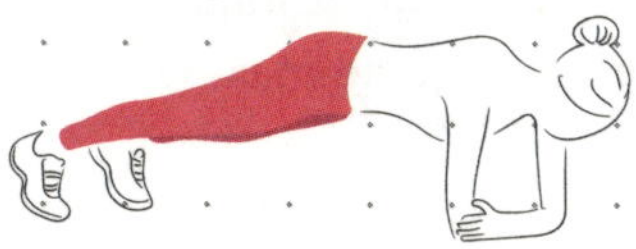
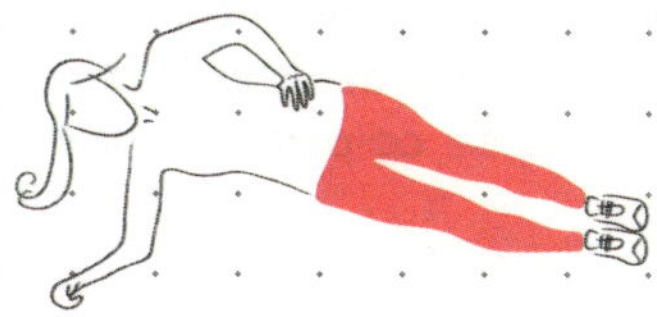

(niveau intermédiaire – les 2 mois suivants)

- Planche ventrale bras tendus : 30 secondes
- Planche latérale droite bras tendus : 20 secondes
- Planche ventrale bras tendus : 30 secondes
- Planche latérale gauche bras tendus : 20 secondes

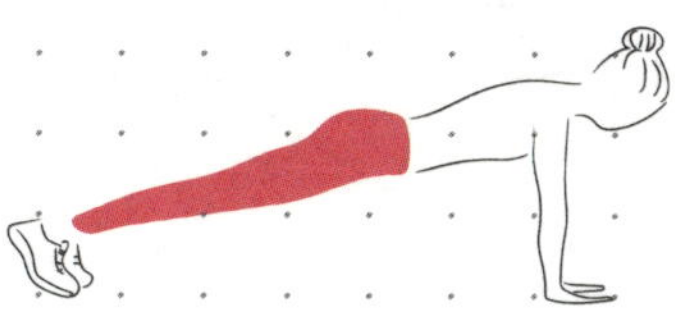
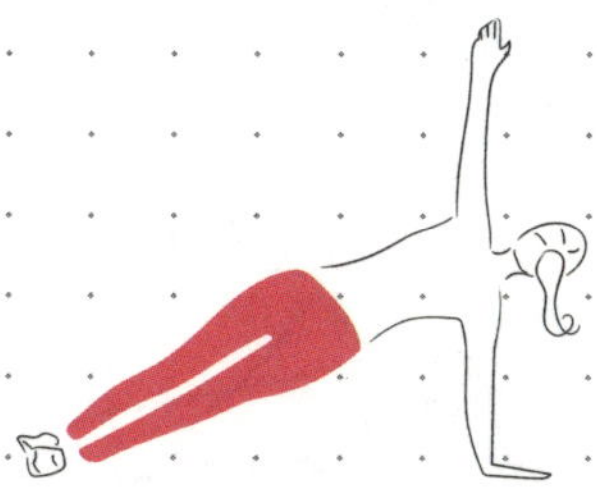

(niveau confirmé – les 2 derniers mois)

- Planche ventrale bras tendus jambe droite levée : 30 secondes
- Planche latérale droite bras tendus jambe gauche en l'air : 20 secondes
- Planche ventrale bras tendus jambe gauche levée : 30 secondes
- Planche latérale gauche bras tendus jambe droite en l'air : 20 secondes

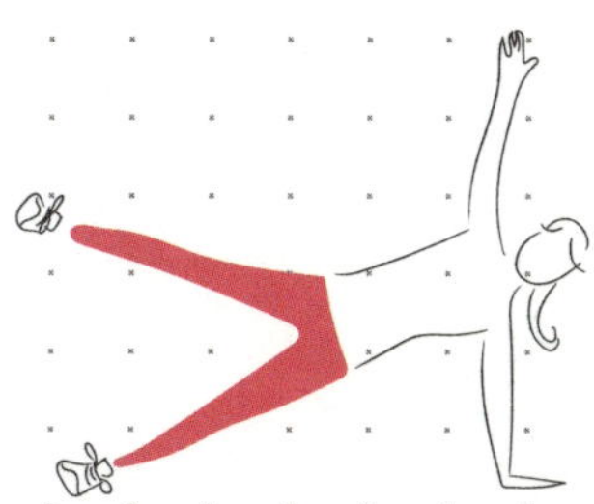

Mon challenge marché local sur 6 mois

Un petit challenge courses healthy à relever durant les 6 prochains mois pour une alimentation healthy ! Le principe ? Pour chaque semaine où vous serez allée faire vos courses healthy dans un marché local, coloriez un fruit ou un légume de plus de ce beau panier ! Objectif : colorier le maximum de fruits et légumes !

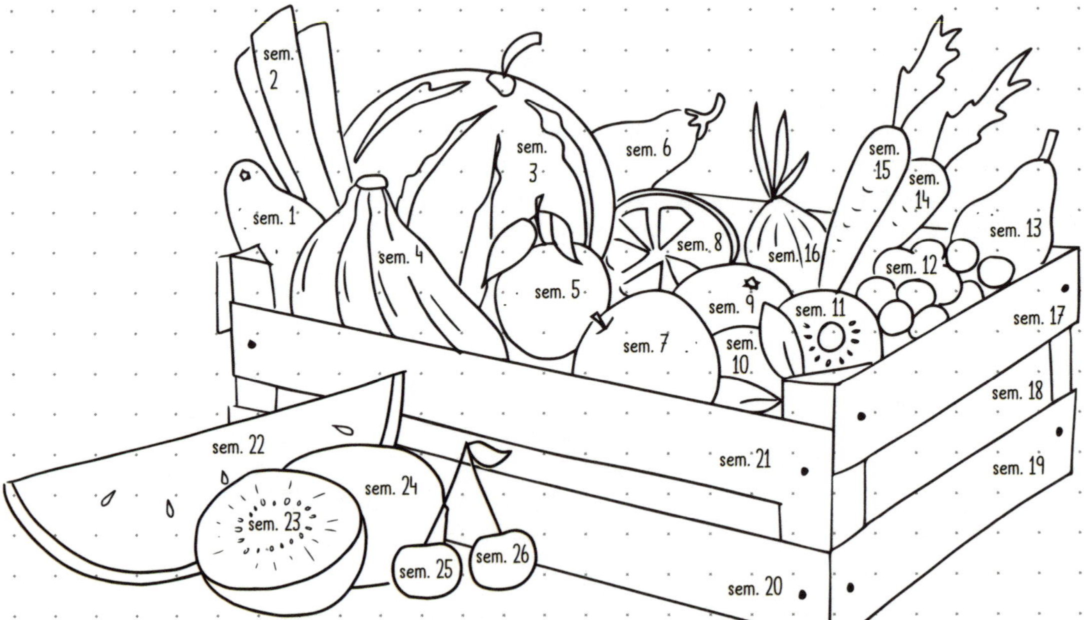

Happy box : ma trousse de secours du bonheur

Ce qui contribue à mon mood positif

Notez les activités qui vous mettent dans la meilleure énergie positive possible.

1 .... 4 ....
2 .... 5 ....
3 .... 6 ....

Les personnes positives de ma vie

Listez les personnes qui vous mettent dans la meilleure énergie positive possible.

1 .... 4 ....
2 .... 5 ....
3 .... 6 ....

Mes lieux happy

Notez les endroits qui vous mettent dans la meilleure énergie positive possible.

1 .... 4 ....
2 .... 5 ....
3 .... 6 ....

Mon meal plan positif idéal

Notez votre plan de repas idéal sur une journée qui vous met dans la meilleure énergie positive possible.

Petit déjeuner

....
....
....
....
....

Déjeuner

....
....
....
....
....

Dîner

....
....
....
....
....

Snacks

....
....
....
....
....

Carnet d'adresses

L'auteure

Psychologue spécialisée en psychologie positive, Cécile Neuville est une grande optimiste et est à l'initiative de nombreux projets pour contribuer à un monde meilleur :

RDV thérapeutiques et de coaching positif

Entretiens individuels, thérapie de couple ou familiale, groupes de parole, conférences, ateliers, à Montpellier, un peu partout en France et à distance. www.psychologue-montpellier.fr

Le Centre de formation ZenPro :

Formations professionnelles pour les psychologues, thérapeutes et coachs pour intégrer la psychologie positive dans leur pratique. www.zenproformation.com

Le réseau des ateliers du bonheur

Venez vivre un moment de bonheur tout en expérimentant en petits groupes des pratiques pour booster toujours plus votre propre bonheur au quotidien, dans l'atelier du bonheur le plus proche de chez vous ! RDV sur le site www.atelierdubonheur.net

Le blog de la psychologie positive pour tous

Actus, vidéos, livres, podcasts, télé, presse, sites, citations, expériences, exercices et échanges sur la psychologie positive. RDV sur le site : www.psychologie-positive-pour-tous.com

Le blog Des livres pour évoluer

Le blog de référence sur tous les livres de développement personnel pour évoluer vers la meilleure version de soi-même et peser positivement sur le monde. www.deslivrespour-evoluer.com

Et par ailleurs...

La semaine de la psychologie positive

Un site, une newsletter, mais aussi régulièrement des ateliers, des conférences, des escapes games positifs, des shows positifs et des RDV de coaching positif pour expérimenter par vous-même la psychologie positive. RDV sur le site : www.semainedelapsychologiepositive.com

My happy job

Le webzine du bien-être au travail ! Un annuaire, des conseils pratiques, des vidéos, des podcasts, des livres et un agenda d'événements liés au bien-être au travail. RDV sur le site : www.myhappyjob.fr

La ligue des optimistes

La lettr'Optimiste, les dîners des optimistes, le prix du livre optimiste, le printemps de l'optimisme, le mois de l'optimisme, des conférences et des formations et un engagement international au réseau « optimistes sans frontières ». RDV sur le site : www.liguedesoptimistes.fr

De la même auteure

- *Le Secret du bonheur permanent*, Éditions Leduc S. 2010.
- *Apprendre à lâcher prise*, Éditions Leduc S., 2014
- *Je joue et je découvre mes émotions*, Éditions SOLAR, 2016
- *Mon cahier Pensée positive*, Éditions SOLAR, 2017
- *5 minutes par jour pour lâcher prise*, Éditions Leduc S., 2017
- *Mon cahier Perfect Timing*, Éditions SOLAR, 2017
- *Mon p'tit cahier Émotions*, Éditions SOLAR, 2018
- *Almaniak de la pensée positive*, Éditions 365, 2019
- *Mon p'tit cahier Pensée positive*, Éditions SOLAR, 2019
- *Pro en Gestion du Stress*, Éditions VUIBERT, 2020

MON CAHIER MINCEUR
MON CAHIER MINCEUR
MON CAHIER MINCEUR
MON CAHIER MA GROSSESSE ET MOI
MON CAHIER MON BÉBÉ ET MOI
MON CAHIER VENTRE PLAT
SPÉCIAL HOMMES
MON CAHIER VENTRE PLAT
MON CAHIER LA DRAGUE ET MOI
MON CAHIER LE SEXE ET MOI
MON CAHIER 100% ANTI-ÂGE
MON CAHIER DÉTOX
MON CAHIER YOGA
MON CAHIER RUNNING
MON CAHIER ABDOS-FESSIERS
MON CAHIER VEGGIE
MON CAHIER MON DRESSING IDÉAL
MON CAHIER BRÛLE-GRAISSE
MON CAHIER PENSÉE POSITIVE
MON CAHIER ANTI-STRESS
MON CAHIER FORME ET MINCEUR APRÈS BÉBÉ
MON CAHIER RÉGIME PALÉO
MON CAHIER PILATES
MON CAHIER BEAUTÉ
MON CAHIER DIGITAL DÉTOX
MON CAHIER STOP AU SUCRE
MON CAHIER SANS GLUTEN
MON CAHIER FITNESS
MON CAHIER MINCIR AVEC LA MÉDECINE CHINOISE
MON CAHIER YOGA DÉTOX
MON CAHIER AQUAFITNESS
MON CAHIER BEACH BODY
MON CAHIER GREEN DÉTOX
MON CAHIER BODY TRAINING
MON CAHIER RÉGIME TOUT CRU
MON CAHIER MÉDITATION
MON CAHIER HUILES ESSENTIELLES
MON CAHIER BOXE TRAINING
MON CAHIER MON CHAT & MOI
MON CAHIER RANGEMENT FEEL GOOD
MON CAHIER TRAIL RUNNING
MON CAHIER YOGA MÉDITATION
MON CAHIER SOFT FITNESS
MON CAHIER BODY MINCEUR
MON CAHIER HAIR BEAUTY
MON CAHIER JOLIE PEAU
MON CAHIER FITNESS FOOD
MON CAHIER DANSE PILATES
MON CAHIER HYGGE HAPPY THÉRAPIE
MON CAHIER YOGA SCULPT
MON CAHIER TATOUAGE
MON CAHIER YOGA FLOW
MON CAHIER OBSTACLE TRAINING
MON CAHIER PERFECT TIMING
MON CAHIER SUPER ORGANISÉE
MON CAHIER MON BULLET AGENDA
MON CAHIER BULLET AGENDA
MON CAHIER MINCEUR HEALTHY
MON CAHIER MINCEUR ZÉRO SUCRE
MON CAHIER STOP SMOKING
MON CAHIER AYURVEDA
MON CAHIER VÉLO TRAINING
MON CAHIER DÉFI VOYAGE SOLO
MON CAHIER HIIT
MON CAHIER CRISTAL POWER

MON CAHIER MACADAMTRAINING
MON CAHIER OBJECTIF MINCEUR EN 12 SEMAINES
MON CAHIER MES 100 MODÈLES BULLET AGENDA
MON CAHIER BAIN DE FORÊT
MON CAHIER ATTITUDE BODY POSITIVE
MON CAHIER PILATES INTENSIF
MON CAHIER PILATES BOOTY
MON CAHIER RITUEL POWER
MON CAHIER LUNE
MON CAHIER MASSAGE
MON CAHIER IKIGAI
MON CAHIER OBJECTIF MINCEUR EN 12 SEMAINES
MON CAHIER MARIAGE
MON CAHIER GREEN POWER
MON CAHIER SOPHRO
MON CAHIER OBJECTIF ZÉRO SUCRE EN 12 SEMAINES
MON CAHIER PILATES MINCEUR
MON CAHIER GAINAGE
MON CAHIER ZÉRO DÉCHET
MON CAHIER TAROT
MON CAHIER OBJECTIF BIKINI EN 12 SEMAINES
MON CAHIER FIT & GREEN
MON CAHIER CARDIO-PILATES
MON CAHIER HUILES ESSENTIELLES AU FÉMININ
MON CAHIER GOOD VIBES
MON CAHIER OBJECTIF BUDGET EN 12 SEMAINES
MON CAHIER OBJECTIF TRAINING EN 12 SEMAINES
MON CAHIER OBJECTIF ZÉRO GRAS EN 12 SEMAINES
MON CAHIER YOGA FÉMININ
MON CAHIER FÉMININ SACRÉ
MON CAHIER MES RITUELS YOGA
MON CAHIER COCOONING AVEC LES PLANTES
MON CAHIER OBJECTIF BODY CHALLENGE EN 12 SEMAINES
MON CAHIER BODY SCULPT
MON CAHIER ASTRO
MON CAHIER YOGA DU VENTRE
MON AGENDA 2021 MY LIFE IS BEAUTIFUL

LES BEAUTIFUL GIRLS,
C'EST TOUTE UNE COMMUNAUTÉ !

Retrouvez plein de bonus, de conseils feel good, des recettes, des trainings, et des actus tendance MADE BY MON CAHIER !

Un lieu rien que pour vous :
http://mylifeisbeautiful.fr/

Une communauté de filles stylées :
VOUS DÉCHIREZ

mylifeisbeautiful.fr mylifeisbeautiful.fr

Direction : Jean-Louis Hocq
Direction éditoriale : Marion Guillemet-Bigeard
Édition : Gwladys Greusard
Conception et mise en couleur de la couverture : Stéphanie Brepson
Correction : Michèle Aguignier
Maquette : Sophie Delannoy
Mise en pages : Nord Compo
Fabrication : Laurence Duboscq

MIXTE
Papier issu de sources responsables
FSC® C003309

ISBN : 978-2-263-17199-4
Code éditeur : L17199/03
Dépôt légal : septembre 2020

Imprimé en Espagne par Liberduplex

SolarEditions
solar_editions

mylifeisbeautiful.fr
mylifeisbeautiful.fr

http://www.mylifeisbeautiful.fr/

Solar, un département d'Édi 8
92, avenue de France, 75013 Paris